RELACIONES
TÓXICAS

Comprender todos los tipos de toxicidad le ayudará a encontrar la libertad. Aprende a establecer pautas con los padres y las personas.

Aprenderás a vivir un estilo de vida más sano

HOPE UTARAM

Tabla de contenidos

Introducción

Aprenderás a saber sobre las relaciones tóxicas. Cómo saber si tu relación es tóxica. Qué hacer con los padres tóxicos y la familia.

Aprender cuáles de tus amigos y conocidos son tóxicos y cómo lidiar con ellos. Si has probado todo lo que sabes hacer y aun así no pasa nada, entonces está bien alejarse.

Relaciones tóxicas

La mayoría de nosotros hemos encontrado a una persona tóxica en un momento de nuestra vida. Estas personas son las que nunca dejan de hacerte sentir horrible contigo mismo. Hacen o dicen algo que es serio sobre ti. Podrías estar de buen humor en el que has estado mucho tiempo, y esa persona dice un comentario sarcástico. Te da una mirada sucia. Podrían haberte acusado de hacerles algo a ellos o a alguien que nunca harías.

Tienen la habilidad de arruinar tu estado de ánimo, tu vida y tu día. Si tanto como desafiar de la forma en que piensan, te culparán y todo inmediatamente se convierte en tu culpa. Pronto te das cuenta de que una vez que hayas pasado tiempo con ellos, te sentirás pésimo. Estás emocionalmente agotado.

Te sientes mal. A veces puedes experimentar estar físicamente enfermo.

Así es como la gente se conoce como tóxica. Una simple definición de tóxico es venenosa. Eso hace que esta gente sea venenosa para ti. Ahora da un paso más allá. Una definición simple de veneno es cualquier sustancia que resulta en lesiones a un organismo o puede destruir la vida. Por lo tanto, según estas dos definiciones, las relaciones tóxicas podrían acabar con tu vida porque pueden ser extremadamente venenosas para ti.

Las relaciones tóxicas son peligrosas. Son deprimentes, irritantes, desagradables y molestos. Podrían despedirte. Podrían arruinar tu reputación. Pueden derribar tu espíritu. Ellos se desmoronarán en tu autoestima. Destruirán cualquier relación que intentes tener. Te arrojarás a una profunda depresión. Te enfermarán. Podrías empezar a tener pánico o ataques de ansiedad, y tu vida se volverá miserable.

Probablemente te estés preguntando cómo puedes reconocer a estos individuos tóxicos. Honestamente, son fáciles de detectar. Te harán sentir tan mal sólo por estar cerca de ellos. Podrías haber conocido a alguien e inmediatamente sabía que eran tóxicos. Podrías sentir su toxicidad. Las relaciones tóxicas pueden ser de cualquier tamaño, forma, color o edad. Algunas relaciones tóxicas pueden ser difíciles de ver al principio, pero con el tiempo, su verdadero yo se revela.

Todos tenemos esas relaciones tóxicas que se han desempolvado con su veneno. A veces, nos han empapado. Las personas difíciles generalmente se sienten atraídas por personas razonables. Algunos de nosotros hemos tenido al menos una persona que nos tiene flexión como alambre de púas tratando de complacerlos. Adivina qué, nunca llegamos allí.

El daño que pueden hacer se remonta a la forma en que azucarar todas las respuestas para hacerte pensar que eres el que está equivocado. Te harán cuestionar tu tendencia a malinterpretar, a la sobre sensibilidad y a reaccionar en exceso. Si usted está constantemente lastimado o cambiando su comportamiento cuando usted está alrededor de ellos, entonces usted no tiene la culpa, ellos lo son.

Aprender su comportamiento dañino es lo primero que debes hacer para que dejen de hacerte daño. No puedes cambiar lo que están haciendo, pero puedes cambiar la forma en que reaccionas ante él. Puedes mostrarles que ya no se saldrán con la suya.

Hay muchas cosas que estas relaciones tóxicas tratan de hacer para manipular situaciones y personas para ayudarlos. Conocer los diferentes tipos de personas puede ayudarte a no caer bajo su influencia.

Aquí está una lista de los diversos tipos de relaciones tóxicas y descripciones de sus características.

El psicópata: Esta persona no tiene absolutamente ninguna conciencia, compasión, simpatía o empatía. No sienten remordimiento ni culpa. Nunca aprenden de sus errores y se deleitan al ver sufrir a los demás. Son muy carismáticos y encantadores. Pueden lanzar un hechizo sobre ti antes de que te des cuenta. Te atraerás a ellos y a sus mentiras antes de darte cuenta de quiénes y qué son. Parecerán buenos, pero en toda realidad, son el mal puro. Cada una de estas personas tiene dos personalidades diferentes. Uno es agradable. El otro es malvado. Pueden hacer grandes cantidades de daño dondequiera que vayan, incluso posiblemente matando a otros. Estas personas son muy abusivas con sus hijos y esposas.

El mentiroso patológico: Esta persona mentirá sobre todo. Mentir es una vida normal para ellos. Si los atrapan en una mentira, le dirán a otra que se encubra. Son capaces de mirarte a los ojos y decirte que una cara audaz miente sin siquiera parpadear. Se irán engreído sabiendo que les creíste.

Ellos se mienten a usted antes de que se disculpen. No sirve de nada tratar de discutir con ellos. Ellos retorcerán sus historias. Cambiarán lo que pasó y lo volverán a contar para que empiecen a creer en sus tonterías.

No creas que te equivocas sólo porque te disculpes. Para seguir adelante, no tienes que disculparte. Sigue sin ellos. No tienes que rendirte ante ellos. Tampoco tienes que seguir discutiendo.

No tiene sentido. La mayoría de la gente preferiría tener razón que ser feliz. Hay mejores cosas que hacer que discutir.

El naufragio emocional: Todo es un gran drama con esta persona. Hemos detectado un problema desconocido. Su pensamiento es demasiado extremo para pensar en la vida correctamente. Lo desproporcionan todo desproporcionado. Por lo general, son un caso de cesta emocional. Su vida es sólo una crisis tras otra. Si no tienen una crisis en este momento, inventarán una. Hablan de ello constantemente y nunca estarán interesados en los tuyos, sólo en los suyos.

Esta gente será agradable un día, y al día siguiente te preguntarás qué hiciste para molestarlos. Por lo general, no hay nada que haya causado el cambio en su actitud. Sabes automáticamente que algo está apagado. Podrían estar malhumorados, fríos, tristes o espinosos les preguntas qué les pasa. Su respuesta no suele ser nada. Hemos detectado un problema desconocido. Esta posición podría ser mostrada por una ceja levantada, un fuerte suspiro, o dándole el hombro frío. Si esto sucede, podrías encontrarte haciendo todo lo posible para hacerlos felices. Incluso podrías encontrarte poniendo excusas para su comportamiento. Ahora, ¿puedes ver por qué esto funciona a su favor?

Tienes que dejar de complacerlos. Esta gente descubrió que la gente decente hará todo lo posible para mantener a esta gente feliz. Si estás haciendo todo lo que está en tu poder para hacer feliz a esta gente, entonces es hora de parar. Alejarse. Puedes volver si el estado de ánimo cambia. No eres responsable de los sentimientos de todos. Si has hecho algo involuntariamente, entonces pregúntales al respecto. Háblales de eso. Si necesitas disculparte, entonces por todos los medios lo haces. Nunca deberías tener que adivinar lo que tienes.

Ellos inventarán razones de por qué sus noticias no son buenas noticias. Si obtienes un ascenso, se reirán de la cantidad de dinero que harás. Si ahorras dinero para ir de vacaciones a la playa, harán un comentario ni de sobre lo caliente que será. No importa lo que hayas logrado en tu vida; encontrarán una manera de hacerlo sonar menos de lo que es. No dejes que te lleven a su nivel. Usted no necesita obtener su aprobación, o la aprobación de nadie, nunca.

El Guasón: Estas serán las personas más ruidosas de la habitación. Las bromas tontas y burlonas sobre los demás. Creen que son graciosos. Pero en toda realidad, son gente patética. A nadie le gusta su sentido del humor. Cuentan chistes fuera de color, a expensas de todos. Hacen esto para quitarles la atención y sus fracasos. Esto les da la confianza que les falta.

Sr. Negativo: Estas son las personas más desagradables para tener a su alrededor. Encontrarán la culpa de todo y de todos. No tienen alegría. Puede que te encuentres de buen humor, y harán lo que sea necesario para derribarte. Siempre se quejan de todo y de todos. Tienen tremendos sentimientos de inseguridad, celos y odio.

En lugar de poseer sus sentimientos, actuarán como si los hicieran. Esto se llama proyección. Están proyectando sus sentimientos sobre ti. Alguien que está enojado pero no admitirá que está enojado podría culparte por estar enojado con ellos. Podría ser una pregunta sutil preguntar por qué estás enojado con ellos.

Pronto te encontrarás estando en la defensa y dando vueltas en círculos. Sepa qué emociones son suyas y las suyas. Si descubres que te estás defendiendo de sus acusaciones, están proyectando su ira sobre ti. No tienes que defenderte, justificarte o explicarte. No tienes que lidiar con acusaciones. Sólo recuerda esto.

El Gorrón Esta persona siempre está pidiendo prestado cualquier cosa y todo lo que tienes, incluyendo dinero en efectivo. Tendrán pérdida de memoria cuando llegue el momento de devolver el préstamo. Nunca compensarán el favor.

Debbie Downer: Esta persona siempre está de mal humor. Debbie Downer hará todo lo posible para mantenerse de mal humor. Transmitirán a cualquiera que los escuche. Esto es todo de lo que hablarán. Cada cosa negativa que les ha pasado. Hablarán de lo que les está sucediendo y de lo que podría ocurrir en el futuro. Si tratas de animarlos o darles comentarios positivos, todo lo que tendrán que decirte es "Estoy de acuerdo, pero..."

Si usted está tratando de arreglar algo que es importante para usted, Debbie Downers traerá detalles de hace seis meses. Traen información irrelevante a la conversación que te confundirá y de nuevo hará que las cosas parezcan tu culpa. Usted se encontrará defendiendo una vez más en lugar de lidiar con lo que necesita ser abordado. Siempre termina siendo sobre lo que has hecho.

El Calumniador: Este es el más tóxico. Destruirán vidas y reputaciones con sus mentiras. Constantemente hablan de todos a sus espaldas, y esto te incluye a ti.

Todos nos equivocamos de vez en cuando, pero el calumniador te hará saber que lo has hecho. El juez y cavar en su autoestima para hacerte creer que eres menos sólo porque has cometido un error. Se te permite ser humano y meterte en líos de vez en cuando. Si no les has hecho nada personalmente, no tienen razón para juzgar.

El Chantajista: Esta persona trabaja duro para ganar su confianza y aprender todas sus debilidades y secretos, entonces ellos te explotarán si alguna vez los cruzas. Están celosos de ti, pero fingirán ser tu amigo. Durante todo este tiempo, están haciendo sus planes de cómo derribarte. Parecerán dignos de confianza, pero son justo lo contrario. Ellos mantendrán sus errores sobre su cabeza y amenazan con contar sus secretos a todos si usted no hace lo que quieren. Esta gente es muy peligrosa.

El argumentador: A estas personas les gusta causar peleas. Si hay un grupo discutiendo un tema determinado y todos están de acuerdo, esta persona será la defensora del diablo para iniciar un argumento. Luego se sientan, sonríen y disfrutan del espectáculo. Siempre harán una pregunta de odio que iniciará una pelea. Están esperando el momento para exponer una visión opuesta y revelar su agenda. Cuando te enojas y tratas de defenderte, dicen que eres demasiado sensible.

El acosador : Esta persona se empeña por amenazar e intimidar a los demás. Por lo general intimidan a una persona delante de una gran cantidad de individuos. Se pavonean sabiendo que son el centro de atención. La mirada que tienen cuando son intimidación es muy aterrador. Nunca se sabe hasta dónde van a llevar el acoso o si la persona que está siendo acosada va a salir lastimada.

El manipulador: Estas personas siempre tienen una agenda oculta, y se llama control. Pensarán con anticipación y planificarán cómo manipularán a alguien para obtener su resultado. También confundirán la situación en cuestión. Sus manipulaciones maliciosas son malvadas y astutas.

Nunca te oirás de esta gente. No puedes defenderte de este tipo de manipulación. Esta gente se basará en eso una vez que hiciste algo malo. No te engañes en este argumento. No hay forma de ganar. Y no es necesario.

Siempre encontrarán una manera de hacerte elegir entre ellos y lo que tienes que hacer. Siempre sentirás que tienes que hacer por ellos. Estas personas esperan hasta que tengas un compromiso previo y luego se abalanzan. El problema es que no importa lo que hagas por ellos es suficiente nunca es suficiente. Van a hacer que parezca que siempre es una cuestión de vida o muerte, pero lo más probable es que no lo sea.

Si empiezas a sentir que eres el único factor que contribuye a tu relación, tienes razón. Esta gente enviará una vibra diciéndote que les debes algo. También encuentran una manera de tomar una cosa de ti que te hará daño. Luego díra lo que apunte en blanco que es para su beneficio. Esto es muy común en las relaciones o lugares de trabajo donde no hay equilibrio de poder. Como decirles, dejaste toda la presentación para ellos porque necesitan la experiencia. O invitar a la gente a una cena y luego esperar que su mejor amigo para hacer toda la cocina porque son un chef. No tienes que hacer nada por nadie. Si no se siente como si estuviera sucediendo para siempre, no lo es.

El fugitivo: Estas personas después de tener una discusión con otros, deciden que no van a coger el teléfono para hablar de ello. Se niegan a responder correos electrónicos o mensajes de texto. Usted se encontrará repitiendo la discusión en su cabeza. Empezarás a adivinar tu relación. Te preguntas qué hiciste para molestarlos. Incluso empezarás a preguntarte si están muertos, vivos o ignorándolos. Todo esto puede sentir lo mismo. Las personas que realmente se preocupan no te dejan sentir como basura sin tratar de resolverlo. No significa que se solucione, pero al menos lo estarás intentando. Esto es una señal de su compromiso con la relación cuando te dejan adivinando durante mucho tiempo.

El burlador: Estas personas pueden sonar sinceras, pero su tono dice mucho, mucho más. Preguntar a alguien lo que hicieron hoy puede significar tantas cosas diferentes sólo por la forma en que se dijo. Podría decirse que pensaste que la persona no volvió a hacer nada hoy. Podría transmitir que pensabas que su día era mejor que el tuyo. Si les preguntas sobre el tono, se pondrán a la defensiva y harán que el comentario de que fuera sólo una simple pregunta. Cuando en realidad, no lo era.

Usted puede estar tratando de conseguir un problema resuelto o aclarar algo, y en un abrir y cerrar de ojos, la conversación ha dado un giro para peor. Se ha movido del asunto a la forma en que usted está hablando de ello. No importa que haya sido intencional o no. Pronto descubrirás que tienes que defender tus palabras, gestos, tono e incluso la forma en que tu estómago se mueve mientras respiras. Sé que eso no tiene sentido. No tiene que tener sentido, pero les pasa a ellos. Mientras tanto, su necesidad se ha ido a la gran pila de conversación inacabada que crece cada día.

Saber cómo una persona tóxica generalmente reaccionará a usted hace que su radar sea más nítido, y usted será capaz de detectarlos más fácilmente. Si sabes cómo detectar a una persona tóxica, podrías evitar que te succionen en su mundo. No tendrás que atarte en nudos para complacerlos.

Hay algunas personas que no importa lo que hagas, no puedes complacerlos. Usted encontrará que algunas personas simplemente no son una buena pareja para usted y la mayoría de las veces que no tiene nada que ver con usted. No tengas miedo de decir que no a la locura. Ten confianza en quién eres, tus peculiaridades, tus defectos y lo que te hace brillar. No necesitas la aprobación de nadie. Si alguien está trabajando horas extras para manipularte, entonces es porque te necesitan. No los necesitas.

Si estas personas son sus familias como sus hijos, cónyuge, hermana, hermano, padre o madre, entonces será serio para usted.

¿Recuerdas lo que Jesús tenía que decir acerca de estas personas? Les dijo a sus discípulos que escogerán un pueblo y predicaran el Evangelio. Si el pueblo optó por aceptar a los discípulos, todo estaba bien. Si el pueblo decidió rechazar a los discípulos y a las enseñanzas de Jesús, les dijo a los discípulos que continuaran y no se preocuparan por lo que el pueblo tenía que decir. Jesús les dijo que fueran a donde la gente los escuchara y tomara sus enseñanzas en serio. No necesitaban saltar a través de los aros para hacer que la gente escuchara.

Esto va por las relaciones tóxicas en tu vida. Eres quién eres. Tus verdaderos amigos no te tratarán mal. Puedes ser tú mismo cuando estés cerca de ellos. No necesitas fingir ser nadie más. Puedes hacer lo que quieras y decir lo que quieras sin miedo a ser manipulado, puesto o criticado. Puedes hacer esto porque no están envenenados para ti.

El punto principal es que no puedes asociarte con las personas que intentan destruirte. Están destruyendo tu felicidad, paz, alegría y bienestar sin siquiera usar un arma.

Lo mejor que se puede hacer por estas relaciones tóxicas es orar por ellas. Pida a Dios que quite toda la iniquidad de los corazones y les quite la corteza de los ojos. Oren para que nazcan de nuevo para que sus viejos caminos puedan ser reemplazados por un espíritu de bondad y amor. No puedes cambiarlos tú mismo. Están dirigidos por una oscuridad que pertenece al Diablo. Si eligen seguir a Cristo, los verán como amigos. Si no deciden seguir a Cristo, te verán un enemigo. El objetivo del Diablo es destruir, robar y matar. Eso es lo mismo que te están haciendo las relaciones tóxicas. Tú y tú solos pueden detenerlo.

Capítulo 1

————— ❧❦❧ —————

Comodo sin saber

Los narcisistas anhelan admiración y alabanza. A menudo los verás revoloteando sobre reuniones sociales con una sonrisa enyesada en su cara, y con más que suficiente charla amistosa para dar vueltas. Son excepcionalmente talentosos en ganar los corazones de conocidos y amigos con su encanto y comportamiento amable, y a menudo toman el centro de atención en la mayoría de las fiestas y las reunión.

Con eso, se podría decir que es un poco difícil encontrar al narcisista, especialmente porque muchos de nosotros no pensaríamos mal de alguien que parece tan bien ajustado en los espacios públicos. De hecho, hay momentos en que esas personas encantadoras que encontramos son realmente amables y carismáticas, lo que no necesariamente indica narcisismo. Entonces, ¿cómo puedes averiguar quiénes son los vampiros?

Tenga en cuenta estos marcadores definitivos:

Son inicialmente agradables

Si conoces a una persona por primera vez y te preocupa que resulte ser un narcisista, es importante considerar su amabilidad. A primera vista, un narcisista puede ser increíblemente amable y divertido de estar con, ofreciendo una gran visión y una conversación maravillosamente espontánea.

Este es un rasgo común que todos manifiestan porque los narcisistas prosperan en la admiración y el elogio. Quieren ser notados por sus buenas cualidades, por lo que pondrán su mejor pie hacia adelante cada vez que se encuentran con gente nueva. No importa si pueden o no mantener una relación contigo, lo que quieren es asegurarse de que todos con los que entran en contacto sientan lo mismo que con ellos, y es que son realmente amigables y agradables.

Dar a cada nuevo amigo y conocido la misma cara crea una imagen consistente en todos sus contactos. Todos con los que han hablado o tratado tienen lo mismo que decir sobre ellos. Así que eso debe significar que es verdad, ¿verdad?

Si has conocido a alguien que es todo arco iris y mariposas, ¿eso confirma que son un narcisista? La verdad es que no. Hay algunas personas muy bien redondeadas y bien ajustadas que son naturalmente amables, amables e interesantes, sin ningún tipo de ataduras. Lo que esto simplemente significa es que si conoces a alguien que parece excepcionalmente agradable, solo mantén la guardia y ten cuidado con otras posibles señales.

Las conversaciones siempre vuelven a ellos

Los narcisistas pueden parecer grandes conversadores, especialmente si no estás necesariamente protegido contra ellos. Pero si tienes una mayor sensación de narcisismo en los demás, una cosa que podrías notar es que todas esas grandes conversaciones de alguna manera siempre logran volver a ellas.

Podrías empezar hablando de tu madre acosada por el cáncer, y de repente descubrir que estás hablando de la escapada de vacaciones del narcisista del año pasado. Podrías intentar conocer tus planes de vacaciones de verano, pero pronto te darás cuenta de que vuelves a hablar de su nuevo proyecto de remodelación de la cocina.

Sí, un narcisista puede mantener la conversación porque les gusta hablar. Pero lo que necesitas saber es que ellos están más interesados en hablar de sí mismos. Así que a medida que esa conversación continúa, es posible que te des cuenta de que has llegado a aprender casi toda su historia y todos los grandes logros y experiencias que han tenido, con poco espacio para Inter dejar con las historias que quieres compartir.

Compartirán sobre los demás

A medida que sigas hablando con estos narcisistas, notarás que saben mucho de otras personas, y no tendrán miedo de nombrar personas. Así que incluso si te conociste hace unos días y aún no estás demasiado cerca el uno del otro, los oirás dejar chismes sobre gente común en tu círculo.

Para alguien que no está necesariamente en la búsqueda de narcisistas, todos los secretos jugosos podrían ser razón suficiente para seguir regresando y convertirse en amigos aún más cercanos. Después de todo, esta es una persona agradable, aparentemente confiable. Por lo tanto, parecen una gran fuente para este tipo de información.

Pero, ten cuidado. A menudo, los narcisistas obtienen esta información hablando directamente con las personas de las que cotillean, de la misma manera que te hablan. Su amigable naturaleza externa les permite aprovechar la confianza y la comodidad de los demás, por lo que muchas personas a menudo se sienten seguras compartiendo sus secretos con estos pretendientes.

Ya sea que tu nuevo amigo sea o no un narcisista, es importante que guardes tus secretos, ya que nunca puedes saber quién está dispuesto a eliminar la información confidencial que compartes en confianza. Con los narcisistas, la atmósfera de confianza que crean puede hacer que sea excepcionalmente fácil establecer incluso los detalles más privados de su vida. Pueden usar esta información más tarde para degradar su imagen a amigos comunes, y así aumentar su propia apariencia 'pulido'.

Problemas con la envidia

Un tema recurrente común del que los narcisistas tienden a hablar es de la envidia. Se ha criado de una de dos maneras:

que hay personas que están celosas de ellos, o que están celosas de otras personas. Cuando expresan celos, sin embargo, puede que no sea tan exagerado. Esto se relaciona con su tendencia a hablar de la gente a sus espaldas.

Cuando un narcisista se siente 'amenazado' por los activos de otra persona, ya sea su carrera, su buena apariencia, su estado financiero o sus logros, es probable que trate de diluir la imagen de esa persona y hacer que 'se vean mal'. En efecto, sacan su competencia, y ganan la corona como la persona más 'exitosa' o 'admirable' en la vida de sus amigos y familiares.

Por ejemplo, Cristina que se siente amenazada por los logros de su hermana Isabel podría hablar negativamente de ella a sus espaldas. Podría decirles a sus primos o amigos comunes que Isabel está luchando a través de un matrimonio problemático, y que sus hijos son desafiantes y destructivamente desobedientes.

La mayoría de las veces, estas "medias verdades" simplemente están infladas y hechas para ser mucho peores de lo que realmente son. Por ejemplo, los problemas matrimoniales podrían ser nada más que las típicas bromas marido-mujer que Cristina accidentalmente sobrecarga durante una de sus visitas. Los "niños desafiantes" podrían haber sido una ocurrencia de una sola vez cuando los mayores de Isabel llegaron a casa un poco más tarde de lo acordado.

A pesar de ser parcialmente falsa, seguirá compartiendo esta información con los amigos y familiares comunes que tienen para dar la idea de que la vida de Isabel no es tan perfecta. Esto desvía los elogios que habría recibido, y hace que Cristina se vea mucho más equilibrada y agradable en comparación.

En muchos sentidos, los narcisistas también tienden a sentir que otros están particularmente celosos de ellos. Es por eso que comúnmente usarán la declaración "... porque están celosos de mí", al tratar de justificar las acciones de otras personas.

Por ejemplo, en el ejemplo anterior, Isabel podría despedir a Cristina por difundir rumores sobre su vida personal, a lo que Cristina podría responder: "Sólo estás actuando de esta manera porque estás celosa de mí. No tengo que lidiar con los mismos problemas que tú."

Incesante Necesidad de ser correcto

Todos sabemos cuándo dimitir y retirarnos, especialmente si nos equivocamos. Sin embargo, si te encuentras con un narcisista, es posible que insistan en tener razón incluso cuando se equivocan explícitamente. No importa si el tema del debate no es importante o trivial, estas personas se negarán a aceptar la derrota en todas sus formas.

Los narcisistas mostrarán la agresión al tratar de probar un punto y te meterán en un acuerdo con lo que dicen para evitar que te hagan parecer 'equivocado'. Incluso con todos los hechos establecidos frente a ellos, seguirán manteniendo su terreno. Si todo lo demás falla, podrían terminar la conversación con un resfriado: "Lo que tú digas. Lo que sé es que esta es la verdad".

Se deleita con Ser Elite

Los narcisistas se imaginan a sí mismos ser mejores que la mayoría, y eso les da el estatus de una élite. Se esforzarán por frotarse los codos con los altos, los poderosos, los ricos y los famosos para ser considerados una de esas personas. Es por eso que a menudo terminan en roles de liderazgo porque son asertivos, agresivos e increíblemente confiados en sí mismos.

En muchos sentidos, les hace bien porque a menudo tienen carreras satisfactorias y trabajos bien pagados. En el lado negativo, podrían haber pisado a algunas personas para llegar allí, sin sentir pena por el daño que infligieron.

Durante la conversación, los narcisistas podrían seguir llamando la atención sobre ciertos símbolos de estatus que exudan su estatus de élite. Nuevos coches, un nuevo hogar, niños en prestigiosas escuelas privadas, lazos estrechos con gente exitosa, y casi cualquier otra cosa que pueda hacerte pensar, "¡Guau, este tipo está acuñado!"

Una existencia libre de fallas

¿Alguna vez has tratado de culpar a un narcisista por un problema o un mal resultado? Considérese afortunado por salir con vida. Estas personas se niegan a aceptar la culpa de nada, porque, bueno, 'siempre tienen razón'.

Como resultado, notarás que la mayoría de las cosas malas que suceden en sus vidas siempre están fijadas en otras personas a su alrededor. Son rápidos para culpar incluso a la familia y amigos más cercanos por todas las cosas que van mal, pero se pondrá en forma y luchar contra cualquier persona que intente hacer lo mismo con ellos.

Incluso cuando sus formas narcisistas ponen sus relaciones en agua caliente, elegirán simplemente echar a esa persona fuera de sus vidas para evitar tener que reclamar la derrota. Así es como ruedan.

La gente es dispensable

No importa quién seas: amigo, familia, marido, hijos. Todo el mundo es prescindible de un narcisista. Estas personas no tienen problema en cortar lazos y tirar a la gente a la basura si eso significa que llegan a mantenerse firmes y mantener su imagen.

En algunas familias, un padre narcisista podría cortar completamente a un niño si se niega a seguir los deseos de sus padres. Los niños "desobedientes" que hacen que el padre 'se vea mal' son responsabilidades a su imagen y amenazan con destruir la concha exterior de perfección del narcisista.

Por lo tanto, para evitar que la familia y los amigos pongan la marca al narcisista como un padre ineficaz, probablemente cortará al niño y tal vez inventará una historia para lavarse las manos y culpar a su hijo alejado.

Esto es común en las familias con padres narcisistas porque ven a sus hijos como "extensiones" de sí mismos. Dicho esto, exigen que sus hijos actúen de cierta manera para mantener su imagen limpia, sana y admirable. Cualquiera que se salga de la línea lo amenaza y, por lo tanto, es indigno de formar parte de la familia de las "élites".

Una necesidad de control

Ya que están 'bien sobre todo', ¿no es sólo apropiado para ellos tomar las retenciones en casi todas las situaciones a su alrededor, si es o no su lugar para tomar las decisiones? En el ejemplo de Jocelyn y Angela, esta es una cualidad narcisista que se hace fácil de percibir.

Los narcisistas necesitan controlar todo lo que les rodea porque sienten que están mejor equipados para manejar todas y cada una de las situaciones. Llamarán a un fontanero sólo para tomar las herramientas y hacer el trabajo ellos mismos. Dictarán las direcciones desde el asiento trasero porque el conductor es un poco demasiado denso para su gusto. Se encargarán de cualquier tarea o tarea aunque no quieran probar que pueden hacerlo.

En las familias, un padre narcisista controlará todo lo que su hijo hace o es, desde la forma en que se visten, hasta su desempeño académico, hasta la forma en que deben interactuar con los demás a su alrededor. Los narcisistas pondrán severas limitaciones a la libertad disfrazados de protección, sólo porque se sienten inquietos cuando su hijo no está a la vista para que ellos lo controlen.

Las amistades con los narcisistas también pueden sentirse bastante extrañas. Para empezar, un narcisista podría controlar tus sentimientos acerca de ciertas personas, especialmente si esas personas son las que no les gustan. Controlarán cómo te sientes, y te encenderán para que te sientas dudoso de las cosas que inicialmente creías.

El efecto narcisista

Con el tiempo, empezarás a cuestionar a tu amigo como la realidad de su personalidad podría empezar a mostrarse a través de las grietas. Ya no son perfectos, y pueden parecer irrazonables, difíciles y, a veces, incluso tóxicos para estar cerca, que son. Pero debido a su concepto inicial de ellos, es posible que le resulte difícil llegar a un acuerdo con la realidad.

Es más, ya has visto lo que le pasa a la gente que podría ponerse de su lado malo. Debido a que la mayoría de tus amigos y familiares también son suyos, es posible que te sientas obligado a evitar la confrontación para proteger tu imagen de su embestida y agresión.

Por lo general, deberías mantenerte alejado de los narcisistas a toda costa porque es difícil salir de su web una vez que estés entrelazado. Por lo tanto, tener en cuenta estos marcadores cuando te enfrentas a personas nuevas puede ayudarte a determinar las tendencias narcisistas antes de que estés demasiado profundo.

¿Pero qué hay de la gente que no puedes elegir? ¿Qué hay de los que han estado en tu vida por un tiempo, pero acabas de darte cuenta de que son narcisistas? ¿Cómo lidiar con ellos y es posible mantenerlos en su vida sin arruinar sus relaciones y su reputación?

Capítulo 2

Causas de comportamiento tóxico/negativo

Hay muchas razones por las que puedes atraer relaciones tóxicas, pero déjame decirte la fea verdad primero, nadie está a salvo. Ya seas de buen carácter o eres tóxico tú mismo, las relaciones tóxicas están destinadas a estar a tu alrededor, dando vueltas como águilas mirando a una presa en el suelo. Es una pregunta diferente, sin embargo, si les permites entrar en tu vida y quedarse. En palabras breves y precisas, he explicado las diversas razones por las que se atraen las relaciones tóxicas en los párrafos a seguir.

Baja autoestima

Trate de anotar su autoestima. Si usted tiene alguna duda en absoluto, entonces usted encaja en el perfil de una persona que sin duda caerá presa de las relaciones tóxicas. Si duda de su autoestima y valor, entonces dará la bienvenida y dará deferencia a cualquiera que parezca reforzar sus sospechas y convertirlas en una convicción. Cualquiera de los compañeros de equipo en el equipo de Ridley podría ser así, dudando de su autoestima porque creen que hay alguien que vale mucho más de lo que vale, y se inclinan ante esta persona.

Víctima de matones

Otra razón por la que puedes caer presa de relaciones tóxicas, especialmente los tipos manipuladores y agresivos, es si has sido víctima de matones y nunca te has enfrentado a su opresión. Tu mentalidad es de sumisión inmediata a una fuerza que crees que es mayor que la tuya. La persona tóxica manipuladora se aprovecha de ti porque ve una debilidad en ti, el anhelo de aprobación, el reconocimiento de los demás. Te halaga para que hagas lo que le ha órdenes. La persona agresiva y tóxica te encuentra una presa dispuesta porque tienes la tendencia a no defenderte nunca, nunca desafiar el dominio de los demás sobre ti.

Cuidado excesivo

Si usted es el tipo de persona que se preocupa mucho por los demás y poco por sí mismo, usted está obligado a mantener la compañía de relaciones tóxicas. La razón es simple: al cuidar demasiado a los demás, te vuelves increíblemente dispuesto a complacer a los demás y a no molestarlos. Usted está listo para renunciar a su asiento a alguien que incluso pide groseramente para él. Usted está listo para incomodarse en beneficio de otros cuya aprobación usted busca. Usted es un terreno fértil en el que las semillas de toxicidad crecerán, y por lo tanto la planta de relaciones tóxicas. Cuando cosechan, tendrás suerte de tener tu vida intacta.

Buena Educación

Si tuvieras una buena educación, también podrías caer presa de relaciones tóxicas. Eso es extraño, ¿verdad? Te lo explicaré. Recuerde que las causas de la toxicidad se remontan a una educación deficiente de un tipo u otro. Así que, si tienes la suerte de no haber sido criado por padres que te mimaron excesivamente, o por padres que te regañaron todo el tiempo, o si tus padres te mostraron amor y atención adecuados mientras crecías, entonces tienes todo lo que se le negó a la persona tóxica . Irradias un equilibrio de carácter, una obra de excelencia, que la persona tóxica envidia y quiere destruir. ¿Cómo es posible, pide, que naturalmente no estés interesado en fumar crack o beber demasiado? Para la persona tóxica, esto es una abominación, y está decidido a librarte de ella. Sólo descansa después de verte complaciendo en lo que se entrega.

¿También eres tóxico?

Dicen que las aves de una pluma se juntan. Esto es muy cierto en el caso de toxicidad. Las relaciones tóxicas se sienten atraídas entre sí. Si usted es el tipo de persona que está dispuesto a hacer cualquier cosa para complacer a otro, para obtener su aprobación y mantener su atención en usted y usted solo, entonces hay toxicidad en usted, también. Harás lo que sea para obtener lo que quieras, esa aprobación, y manipular a los demás es solo uno de los trucos de tu bolso. Otro prominente es lanzar berrinches emocionales. Alguien como tú atraerá al narcisista o a la persona tóxica nerd que es egocéntrica. El deseo del narcisista de ser adorado, glorificado e incluso adorado por otros juega y encaja con su voluntad de complacer a los demás a toda costa.

Ahora, dime, ¿alguien está a salvo de los tentáculos de las relaciones tóxicas? Si esto es cierto, entonces usted necesita ser capaz de identificar las relaciones tóxicas en su vida. ¿Cómo se hace esto? ¿Preguntándoles si son tóxicos? ¿Pidiéndoles que rellenen un cuestionario? ¿Hay una manera simple y fácil de identificar las relaciones tóxicas, un método desprovisto de todas las complejidades que un psicólogo podría emplear?

Capítulo 3

─────── ✦✦✦✦ ───────

Ajuste de los límites

Hay relaciones en las que nos metemos y que nos ofrecen numerosos beneficios. Nos ayudan a mejorar y asegurar que nos de que somos mejores de lo que éramos antes de la relación. Sin embargo, algunas relaciones tienen el efecto contrario. Nos hacen perder nuestra autoestima como individuos y nos convierten en personas peores de lo que éramos cuando entramos en la relación.

Este tipo de parejas tienden a lastimarte a propósito o sin saberlo hasta que empiezas a dudar de todo. Muchas personas tóxicas que podrían ser su cónyuge, compañero de trabajo o amigo continúan manipulándolo hasta que usted cree que es responsable de todos los problemas con los que están lidiando. Este tipo de individuos agotan y drenan toda tu energía.

Independientemente de dónde te encuentres, no quieres tener una relación tóxica con nadie. Por esta razón, usted necesita aprender a reconocer una relación tóxica, y le estaremos enseñando cómo en este capítulo. Pero primero, ¿por qué es importante aprender a detectar una relación tóxica?

¿Por qué es vital aprender a reconocer una relación tóxica?

En las relaciones, se espera que las partes involucradas sean de ayuda mutua cuando las cosas no son tan rosadas sin tener ninguna expectativa de un favor devuelto. Se supone que deben ayudarse unos a otros en momentos de necesidad. Cuando mucha gente escucha la palabra "relación", lo que les viene a la mente es una relación romántica que involucra a dos miembros del sexo opuesto. Aunque muy extendida, esto no es preciso. Esto se debe a que dos individuos pueden estar involucrados en una relación, y las relaciones tóxicas no tienen que ser entre personas involucradas románticamente.

Los humanos florecen cuando tienen compañía y se sienten mal cuando están solos. Cuando uno está en una relación tóxica, tal persona podría luchar con conflictos internos que podrían resultar en depresión, ansiedad o ira. Es vital que usted puede detectar signos de una relación tóxica, así como individuos tóxicos. De esta manera, puede evitar traumas emocionales no deseados. A continuación, profundizaremos en algunos signos de una relación tóxica.

Te has aislado

Si has empezado a alejarte de tus amigos y seres queridos debido a tu relación, entonces es una bandera roja. Si parece que tu pareja te está desalentando de pasar tiempo con personas que amas, de repente tu relación se ha vuelto tóxica.

Esta es una técnica primaria utilizada por los narcisistas que tienen el objetivo de dominarte por completo.

Por lo general, el aislamiento no es evidente. El compañero tóxico lo hace sutilmente a través de diferentes tácticas. Estos podrían ir desde hacerse cargo de los eventos o actividades en los que el otro socio participa, siempre llamando para "verificar" sobre ellos, o solicitar que su pareja detenga otras actividades personales porque su relación tiene prioridad.

Otra estrategia utilizada por el socio tóxico para aislar a la víctima es a través de abuso financiero. Aquí, el socio tóxico se encarga de cómo el otro socio gasta dinero en efectivo o se lo gana. Un socio que utiliza esta técnica puede solicitar que detenga su trabajo u obtenga uno nuevo porque no le está dando suficiente tiempo para centrarse en su relación. Al final, usted puede comenzar a depender del socio para la asistencia financiera, que es su objetivo.

Una relación saludable consiste en 2 individuos maduros. Como adultos, no necesita solicitar permiso a sus parejas cuando intenta hacer cosas básicas. El compromiso es esencial en las relaciones, y es vital pensar en su pareja al tomar decisiones masivas de la vida, como tener que someterse a una cirugía extensa o comprar una casa nueva. Sin embargo, si se siente como si tuvieras que pedir permiso antes de hacer cosas menores como pasar tiempo con amigos o ir a la tienda, o pareces estar incómodo al tomar decisiones fundamentales sin tu pareja, podría mostrar que hay algo mal y una señal clara de que estás en una relación tóxica.

Mediante el uso del aislamiento como medio para separarte de tu familia y de otras personas que te rodean, la pareja tóxica obtiene más control. El aislamiento también se puede utilizar para crear un vacío en la relación para que la pareja tóxica se involucre en otros comportamientos dañinos y destructivos. Eventualmente, las víctimas pueden sentir que no tienen a nadie en quien confiar acerca de sus experiencias. Esto deja a la víctima sin un sistema de apoyo durante tiempos peligrosos.

Si observas todo esto en tu relación, entonces es una clara señal de que estás tratando con una relación tóxica.

Relación asimétrica

Las relaciones asimétricas ocurren cuando una de las dos parejas en una relación romántica tiene un papel excesivamente dominante. En esencia, uno de los socios está más dedicado a la relación que el otro.

Los investigadores basaron este concepto en una teoría establecida por el sociólogo Willard Waller. La teoría era conocida como el "Principio de Menor Interés". Esta teoría connota que el individuo con una menor cantidad de interés en la relación tiene un mayor nivel de control. Esta es la razón por la que muchas personas se instan a actuar fresco en situaciones sociales. También es por eso que muchas personas se toman el tiempo excesivo en responder a los textos a pesar de que tienen un interés en la persona (Stanley et al., 2018).

En un estudio más reciente, los investigadores decidieron probar esta teoría en las relaciones románticas. Esto se hizo para determinar el tipo de socios que mantienen el mayor control en las relaciones. A continuación se presentan algunas cosas que observaron, lo que puede indicar que usted está en una relación asimétrica (Stanley et al., 2018):

• Su pareja cree que hay numerosos peces en el mar.

• Su pareja tiene problemas para apegarse y abrirse a los demás.

• Tienen numerosos ex.

• Si su pareja le ha engañado o lo ha hecho continuamente.

Si usted ha observado que su pareja hace cualquiera o todos los siguientes, entonces usted puede estar tratando con una relación asimétrica, lo que lo hace tóxico.

Otras formas en que tu relación podría ser asimétrica incluyen:

Eres obsesivamente dependiente

La codependencia se clasifica como una relación en la que dos individuos se asocian e invierten entre sí que ya no pueden funcionar por separado. En esta situación, la identidad, la felicidad y el estado de ánimo son determinados por uno de los socios. En este tipo de relaciones, una persona tiene más dominio sobre la otra. Además, este individuo tiene una sensación de satisfacción al controlar al otro compañero y cómo vive. En este caso, este es el socio tóxico.

Dependencia de alguien que amas y esperas pasar el resto de tu vida no es generalmente algo malo. Sin embargo, cuando te vuelves obsesivamente dependiente de tu pareja, que comienza a mostrar signos de control, esto puede ser un problema. Ser controlado por tu pareja y ser excesivamente dependiente de ellos no se va sin el uno al otro. Un socio tóxico o controlador generalmente te hace dependiente de ellos para que puedas ayudarlos a satisfacer sus requisitos. Pueden manipularte hasta que toda tu vida gire en torno a ellos, lo que les da más control sobre ti.

Tienes que recordar que ser excesivamente dependiente de otro individuo no se debe al amor, sino al miedo. Cuando una pareja tóxica te hace responsable de que se mantengan felices, su requisito constante para ser validado comienza a parecer una adicción. Tu pareja comienza a controlarte, y se transforma en dependencia emocional porque no quieres perder a tu pareja. Ser excesivamente dependiente de tu pareja puede llevarte a dejar de lado tu identidad para hacer feliz a tu pareja. Además, tu autoestima puede estar centrada en la relación sin tu conocimiento. Si su relación ha comenzado a sentirse de esta manera, entonces puede haberse convertido en una tóxica. Si no estás seguro de esto, a continuación se presentan algunos de los signos generales que pueden ayudarte a determinar si tu relación es una relación tóxica emocionalmente dependiente:

- Le resulta difícil tomar decisiones sin su pareja.

- Tienes problemas para señalar tus sentimientos.

- Tienes baja autoestima y no confías en tu juicio.

- Tienes miedo de ser abandonado y deseas una necesidad constante de aprobación

- Tienes problemas para expresarte en tu relación.

Individuos que son excesivamente dependientes de otros tienen una mayor probabilidad de transformar incluso relaciones saludables en tóxicas. Si usted se nota a sí mismo retratando cualquiera de los síntomas mencionados anteriormente, entonces esto es un signo importante de una relación tóxica.

Te chantajean

El chantaje emocional es un elaborado medio de manipulación donde las personas a las que estamos cerca de hacernos amenazas porque no cumplimos sus órdenes. Esta es una estrategia frecuente utilizada por los socios tóxicos. Muchos socios tóxicos que son aptos en el chantaje emocional entienden el valor que ponemos en las relaciones que tenemos con ellos. Conocen tus secretos más oscuros y conocen tus debilidades, que por lo general no son algo malo en una relación saludable. Sin embargo, en manos de un compañero tóxico, esto puede ser muy peligroso. Si observas que tu pareja te está lastimando y manipulando como un medio para castigarte, entonces es una clara señal de que estás en una relación tóxica.

Hay muchas estrategias utilizadas por la pareja tóxica para chantajearte emocionalmente. Todo esto se hace para hacer te sus ofertas. Incluyen:

Aprovechar tus miedos

El miedo es un sentimiento que nos mantiene a salvo del peligro. Sin embargo, un socio tóxico puede aprovechar esta sensación de miedo para hacerte cumplir con sus órdenes. A continuación se presentan los tipos de preocupaciones que estos socios tóxicos capitalizan para manipularlo:

- Miedo a ser abandonado

- Miedo a molestar a los demás

- Miedo a ser abandonado

- Miedo a la confrontación

- Miedo por tu seguridad

Aprovechar su sentido de la obligación

Una pareja tóxica puede hacerte sentir obligado para que puedan hacer lo que quieran. Para lograrlo, utilizan varias estrategias para hacerte sentir mal contigo mismo si no llevas a cabo tus obligaciones. Por ejemplo; si su pareja le pide que haga algo con lo que se sienta incómodo, y le recuerdan todas las veces que hicieron todo lo posible para usted o le dicen que habrían hecho lo mismo por usted. Independientemente de cómo lo hagan, sentirás un sentido del deber de cumplir con sus órdenes, incluso si no es tu deseo.

Culpa-Disparo usted

Muchos socios tóxicos usan tu culpa para castigarte. Si no cumples con tus obligaciones, pueden usar tu culpa hasta que te sientas mal contigo mismo y hagas lo que quieran.

Si alguna vez ha sido chantajeado por su pareja utilizando cualquiera de los siguientes métodos, entonces usted puede estar en una relación tóxica.

Capítulo 4

Avanzando

Ahora que ya hemos discutido qué es el comportamiento difícil, y los diferentes tipos de persona clásicamente diferentes, ahora vayamos a una circunstancia y un evento serio y muy habitual en que sucede en cualquier lugar de trabajo: Conflicto. Dicho en palabras simples, se puede definir como oposición directa entre ideas o intereses. Surge cuando una persona no está de acuerdo con el punto de vista o creencias de la otra persona.

En cualquier situación de conflicto siempre habría dos factores importantes a tener en cuenta. El punto objetivo en el que las partes no están de acuerdo y las emociones o percepciones personales que van a lo largo de la situación. Evidentemente, hay que tener en cuenta que al tratar los conflictos en la oficina debe dejar de lado el segundo factor y centrarse en los hechos objetivos en los que se supone que se basa la situación.

Según Blaine Donais, autora de Lugares de trabajo que funcionan publicado por Canada Law Book, la administración exitosa del conflicto en el entorno de trabajo obliga a una comprensión de la naturaleza y los manantiales de conflicto en el entorno de trabajo. Sucede cuando hay una visión de punto de vista contrario entre los miembros del entorno de trabajo. Esto debe ser reconocido a partir de argumentos. Son simplemente un resultado del conflicto. Son la explicación externa de la misma. La ejecución de los argumentos del molino vienen como casos judiciales formales, quejas, contenciones, peligros y contra peligros, etc. El conflicto puede existir sin argumentos, sin embargo no existe sin conflicto. En cualquier caso, este conflicto puede no ser fácilmente notado. Gran parte de ella existe en todos los entornos de trabajo sin transformarse en argumentos.

Para que entendamos profundamente los conflictos en el lugar de trabajo, primero debemos conocer sus fuentes. Aunque en este libro estaríamos tratando principalmente con conflictos de personas, estos podrían ayudarle a tener una mejor comprensión de la configuración de la organización que incluye estas fuentes de conflicto que incluye interpersonales, relacionados con el cambio, factores externos y organizativos.

1.   Interpersonal

El conflicto interpersonal es la forma más aparente de conflicto en el lugar de trabajo. No es tan difícil para usted ser consciente de los resultados de rumores, chismes y a veces incluso la política de oficina. Además, los estilos de lenguaje y personalidad a menudo pueden chocar, lo que resulta en una gran cantidad de conflictos. También hay fuertes fuentes raciales y etnos culturales de conflicto, así como las de género.

Estos escenarios pueden conducir a cargos de acoso y juicio o al menos la sensación de que tales cosas realmente prevalecen. Las personas también a menudo traen sus problemas desde su hogar al lugar de trabajo, lo que resulta en un mayor conflicto. Otra razón subyacente para considerar los conflictos en el lugar de trabajo también se puede encontrar en los pensamientos cambiantes con respecto a los logros individuales. El sólido viaje diario para los logros relacionados con los negocios en unos pocos miembros podría causar conflictos con los miembros que no subrayan los logros relacionados con los negocios en sus vidas.

Para ayudarle a revelar algunas fuentes de conflicto, puede utilizar instrumentos de prueba de personalidad Perfiles de dinámica de personalidad, Thomas-Kilman, FIRO-B y el muy popular Myers-Briggs. Además, hay otros instrumentos que puede utilizar como la formación de grupos de enfoque, la realización de entrevistas programadas y encuestas confidenciales.

2.   Cambio relacionado (Tendencias)

Hoy en día el lugar de trabajo ha aumentado notablemente los niveles de estrés y conflicto debido a muchos cambios, incluyendo la reducción crítica y el cambio de la gestión. Otros cambios también incluyen avances tecnológicos y diferentes metodologías de trabajo. Muchos profesionales también son conscientes de la reorganización constante que también conduce a conflictos. En relación con esta reorganización, las organizaciones sin fines de lucro a veces encuentran necesario trasladar sus otras responsabilidades laborales a otras organizaciones relacionadas. Aquellos que se especializan en analizar los comportamientos en el lugar de trabajo de las personas deben comprobar la historia de la organización que se remonta a diez años atrás para conocer el nivel de abandono que ya se ha producido. En general, cuanto mayor y reciente sea el cambio, más significativo será el conflicto esperado.

3.   Factores externos

Estos factores podrían resumirse en la evolución de los mercados, los efectos de la aprobación del libre comercio entre los países, la competencia extranjera e interna y la recesión que también resulta en presiones económicas. El conflicto surge con clientes y proveedores que afectan a la administración de clientes y la transmisión de productos. Además, las organizaciones sin fines de lucro podrían enfrentar específicamente presiones políticas y demandas formar partidos creados en particular. El cambio gubernamental puede tener un gran impacto en cada organización puede ser pública o no. Las organizaciones que dependen de la financiación del gobierno podrían cambiar drásticamente sus niveles de financiación. Las filosofías públicas también podrían tener un efecto en el sistema de tratamiento de los empleados y también en la forma en que los que están en la alta dirección los ven.

Para buscar elementos externos de conflicto, haga una auditoría de las conexiones entre la asociación de sujeto y las diferentes asociaciones. Las organizaciones u oficinas gubernamentales que tienen asociaciones estables con personas ajenas descubrirán que esto es una fuente significativa de conflicto para los miembros del lugar de trabajo.

4.   Organización

Hay varias fuentes de conflicto en este caso. Aquellos que se identifican con la jerarquía y la falta de capacidad para resolver intereses contradictorios son muy frecuentes en muchos entornos de trabajo. Debido a las diferencias de poder, las tensiones laborales y de los empleados se acentúan. Las diferencias en los estilos de gestión y liderazgo entre departamentos también pueden ser una fuente de conflicto. También podría incluir atingencia, saldo salarial y conflicto de estilo de trabajo. Este tipo de disonancia puede surgir por la difusión de responsabilidades, la asignación de recursos, los tipos de trabajo y los beneficios, los niveles distintivos de resistencia para la asunción de riesgos y el cambio de perspectivas de responsabilidad. Además, pueden surgir conflictos en los que se ven o contrastes genuinos en el tratamiento entre divisiones o reuniones de representantes.

Se recomienda realizar un estudio cuidadoso del entorno de trabajo para dichas fuentes de conflicto. De nuevo, las revisiones, las reuniones y los grupos focales pueden ayudar a descubrir estas fuentes. Además, se pueden prever fuentes organizativas basadas en las mejores prácticas de asociaciones comparables. Todas las asociaciones experimentan este conflicto. Mucho se puede encontrar en las lecciones de las asociaciones comparativas que han hecho una investigación de estas fuentes de conflicto.

Capítulo 5

Aceptación

Todos encontramos que manipular la mente de otras personas es poco ético. Esto se debe a que lo consideramos como jugar con los sentimientos de la gente, así como pensamientos y emociones para que nos beneficie solos. Eso se considera un movimiento muy egoísta. Los manipuladores saben cómo jugar bien sus cartas. Se asegurarán de que utilicen todas las técnicas disponibles para manipular a las personas objetivo. Si la manipulación no es ética o no depende principalmente de un individuo. Esto se debe a que somos nosotros los que tenemos la decisión final de si debemos permitirles manipularnos o no.

Por lo tanto, se requiere que uno se evalúe a sí mismos a menudo para que se aseguren de que tienen las habilidades necesarias para que puedan evitar a los manipuladores. En este capítulo, voy a discutir algunas de las muchas técnicas de manipulación que uno puede utilizar para manipular, persuadir e influir en las personas.

Técnica de Miedo y Alivio

El miedo y el alivio es una técnica que se dice que es muy eficiente a la hora de jugar con las emociones de otras personas. Un manipulador sólo se requiere para infundir algo de miedo a un individuo, lo que inmediatamente lo hace vulnerable. En el momento en que son vulnerables, el manipulador hace lo que quiere a su favor. El manipulador manipula al individuo en este punto ya que saben que la víctima hará cualquier cosa para salir de la situación de miedo.

El único desafío que el manipulador podría encontrar al usar esta técnica es identificar las cosas que les hacen temer. Por lo tanto, tendrán que mantener las situaciones temerosas a los de vez en cuando hasta que lo identifiquen. Los manipuladores tienen éxito en esta situación ya que la mayoría de la gente odia situaciones que les hacen temer. Ellos harían cualquier cosa para asegurarse de que salgan de la situación.

Un ejemplo de cómo se utiliza esta técnica es cuando los medios quieren mantener a sus espectadores siguiendo el canal. Ellos pondrán un titular jugoso, que mantendrá a los espectadores pegados en la pantalla esperando por él. El reportero seguirá informando que necesita seguir viendo el programa para que reciban las jugosas noticias. Todo el mundo seguirá mirando con la esperanza de que el programa siga llegando.

Con técnicas de miedo y alivio, se espera que el manipulador inculque miedo hasta que vea que el manipulador está a punto de rendirse. Es en este punto que serán capaces de aliviarlos de la presión que están atravesando que los hace menos estresantes. La terrible situación por la que han pasado les hace obedecer las órdenes del manipulador en cualquier momento que les dan, ya que no querrían volver a la situación en la que se encontraban antes.

Técnica de Enfoque Culpable

A través de la técnica de enfoque culpable, el manipulador hace culpable a su presa para que puedan manipularlas. Se asegurarán de que los culpen por cosas que no hicieron. Uno querrá compensar al manipulador sin el conocimiento de que estarán a punto de ser manipulados. Sin embargo, un manipulador tiene que asegurarse de que su objetivo es alguien que es propenso a sentirse culpable.

Una vez que hagas que la persona sea culpable, podrás balancearla en cualquier dirección, ya que están dispuestas a hacer cualquier cosa para asegurarte de que olvidas las cosas que te hicieron. Funciona tan perfectamente ya que según la víctima, compensarán los momentos que no fueron amables con usted, pero para el manipulador, será el momento de usarlos para su ganancia egoísta. La técnica de enfoque de la culpa, por lo tanto, funciona tan bien cuando uno quiere influir en otras personas ya que la víctima se siente la obligación de compensarlo a usted por los problemas que le causaron. Poco saben que el manipulador estaba esperando un momento para atacar?

Jugando a la víctima

Este tipo de técnica es de alguna manera similar a la técnica de enfoque culpable. Sin embargo, jugar a la víctima puede trabajar en su contra si no tiene cuidado al implementarlo. Se le pedirá que no lo utilice en exceso. El truco es normalmente asegurarse de que usted hace que la persona objetivo se sienta mal acerca de una situación dada. Usted tendrá que asegurarse de que la persona realmente cometió el error, pero para usted, jugar a la víctima será una exageración. La víctima se sentirá mal por ello y querrá compensarlo haciendo algo diferente para usted. Por lo tanto, serán amables con ustedes, lo que ayudará al manipulador a usarlos para lograr sus metas.

Técnica de bombardeo de amor

A todos nos gusta cuando nos sentimos amados por la gente que nos rodea. Todos lo apreciaremos cuando las personas que nos rodean nos hagan sentir apreciados y amados. Es por eso que los manipuladores usan el amor y la atención para manipular a las personas.

Esta técnica se utiliza principalmente con el propósito de manipular a las personas emocionalmente. Un manipulador en su mayoría le dará mucha atención a su individuo objetivo. Les mostrarán mucho afecto, lo que los haría. No sospechar nada del manipulador. Al hacer esto, les estarán poniendo una trampa. Ellos estarán sentando el suelo, que utilizarán para sus propósitos de manipulación. Cuando llega el momento adecuado, son capaces de ejecutar fácilmente su plan. Esto significa que para cuando se dan cuenta de que los estás manipulando; ya habrán sido influenciados a un lugar sin retorno.

Técnica de Soborno

Se dice que esta técnica funciona como un encanto. Esto se debe a que recompensarás a alguien de la nada y automáticamente querrán devolver el favor de una manera diferente. Es un trabajo fácil ya que sólo se requiere para averiguar lo que su víctima necesita y se obtiene exactamente eso. Sólo se espera que se vea lo más genuino posible. Esto hará que la persona realmente feliz de tal manera que si alguna vez mencionas que necesitas algo, no dudarán en conseguirlo para ti. Al hacer esto, usted será capaz de hacer demandas de ellos tantas veces como sea posible sin que se den cuenta de que los está manipulando. A través de esta técnica, habrás influido en las personas a tu sistema, que pueden resultar difíciles de salir.

Convertirse en un buen oyente

Un manipulador sabe que la gente necesita buenos oyentes en sus vidas. Un buen oyente se gana la confianza de la gente tan fácilmente. Esto se debe a que saldrán como muy cariñosos y preocupados. Esto hace que la víctima confíe completamente en ellos. Un manipulador no puede manipular a la gente antes de ganarse su confianza. Una vez que tengas su confianza, será muy fácil manipularlos. Sólo se le pedirá que discuta con ellos algunas cosas que usted puede estar pasando y sin siquiera cuestionar, se corresponderán por ello ya que usted estuviste allí para ellos antes. A través de la confianza, el manipulador será capaz de manipularlos durante mucho tiempo sin que la víctima se dé cuenta.

En la medida en que un manipulador utiliza estas habilidades para manipular, persuadir e influir en las personas, todos ellos necesitan ser buenos en algunas habilidades. Algunas de las habilidades se han discutido a continuación.

- Necesitan tener excelentes habilidades de comunicación verbal. Nadie escuchará a alguien que no pueda comunicarse claramente. Tendrías que ser capaz de expresarte bien si quieres que la gente te escuche. La mayoría de los manipuladores han dominado esta habilidad muy bien que les ayuda a aprovecharse de las personas sin que se den cuenta. Cuando uno es bueno en la comunicación, son capaces de presa fácilmente de las víctimas con el lenguaje que entienden. Las víctimas, por lo tanto, entenderán muy bien al manipulador y seguirán todas las instrucciones dadas sin saber que están en la trampa de ser manipulados.

- Para que un manipulador sea capaz de manipular y persuadir a la gente, deben verse bien antes que ellos. Tu forma de vestirte y la forma en que te presentas dice mucho de ti. La gente sólo te tomará en serio cuando te veas bien. Usted será capaz de ganarse su confianza fácilmente. La gente normalmente está impresionada por las personas que se visten bien, que están bien cuidados y también que tienen modales. Les gustarán fácilmente y los escucharán y en el proceso confían en ellos. Una vez que la confianza entra en acción, los manipuladores son capaces de persuadirlos fácilmente, así como influir en ellos en la dirección que quieren.

- Cuando usted está conversando acerca de la psicología, usted será capaz de leer la mente de la gente. Usted será capaz de saber cómo se sienten, cómo reaccionarán a ciertas cosas y también su estado de ánimo. Saber todo esto será de gran ayuda para asegurar que sé que usted utiliza sus debilidades a su favor. Usted será capaz de manipularlos sin su conocimiento.

Capítulo 6

───── ❧❦❧❧ ─────

Las raíces del sufrimiento

El capítulo estaba lo suficientemente interesado como para llevarnos a través de las facetas de la manipulación. Este capítulo, sin embargo, centra su radar en el arte de la persuasión. Antes de caer más en las principales facetas de la persuasión, primero tendremos que comprender el significado de la persuasión. La persuasión se refiere a la influencia psicológica que afecta la elección que un individuo debe tomar. Con la persuasión, un individuo a menudo se inclina a hacer que comprar su escuela de pensamiento en un intento de cambiar su proceso de pensamiento. Para que uno logre efectivamente la persuasión, hay una serie de cosas que deben tenerse en cuenta. Cuando somos capaces de ir más allá del marco humano natural y obtener una comprensión de lo que mueve a los demás, entonces usted está en una posición para lograr la persuasión efectiva. Esto se debe a que usted es consciente de los puntos de presión y la mejor manera de manipularlos.

Al explotar el arte de la persuasión, hay varios punteros que pueden ser útiles. Estos son:

Mímico

Como seres humanos de la razón, tendemos a variar de un individuo a otro. La diversidad de esto es lo que nos hace aparecer en la discrepancia de los demás. Debido a este hecho en particular, usted encontrará que como individuos, nos atrae más ser cálidos y acogedores para aquellas personas que exhiben las mismas características que nosotros. Podría ser un rasgo físico o simplemente la forma en que un individuo se lleva a cabo. Este tipo de técnica se dice que produce sentimientos positivos que van una milla cuando se trata de persuasión. Cuando una persona tiene sentimientos de gusto hacia alguien, él o ella está en posición de ser influenciado por su influencia.

En un intento de profundizar en este tipo particular de técnica, vamos a emplear el uso de este escenario. En la industria hotelera, especialmente en las más avanzadas y de alta gama, encontrará que la asignación de un camarero depende del cliente. Los hoteles de alta gama en la industria tienen altos comentarios de los clientes y por lo tanto tienden a tratar a sus clientes de una manera que lo sugiere. A un cliente, por ejemplo, se le asignaría un tipo particular de camarero que coincida con su descripción. Por ejemplo, los camareros franceses son famosos por su exquisito servicio. Poner al cliente en primer lugar está en la parte superior de la lista cuando se trata de este campo en particular. Muchos profesionales han tenido éxito en esta área debido a la forma en que trataron a los clientes. Esto se debe a que los clientes son la principal fuente de negocio. Poner al cliente en consideración es una muesca más alto a incluso decir las palabras exactas que el cliente ha dicho. Con esto, son capaces de reunir que usted ha decodificado acertadamente lo que significaban.

Con el fin de lograr con precisión esta técnica en particular, un individuo debe hacer una serie de cosas. En primer lugar, puede considerar hacer una investigación en profundidad sobre el campo particular de la pregunta para asegurarse de que se cumple lo que se les exige. Antes de que seas capaz de alcanzar la persuasión mediante el uso de esta técnica, uno debe estar bien versado con el individuo que él o ella debe persuadir. Este tipo de experiencia debe ser lo suficientemente entusiasta como para asegurarse de que suscite puntos importantes que pueden ser útiles durante el proceso de persuasión.

Prueba social

Cuando se trata de persuasión, la prueba social ha demostrado repetidamente su dominio. Antes de profundizar en la técnica, primero necesitamos reunir el significado de la prueba social. La prueba social se refiere al proceso por el cual los sentimientos y el proceso de pensamiento de un individuo se ven afectados por la forma en que otras personas han reaccionado al mismo problema. Cuando se trata de influencia social. Un individuo que es el persuadidor, extrae su base de los actos que otros han emprendido una y otra vez. Podría ser la norma. Con los seres humanos, el peligro que ocurre es la sensación de querer ser asociado con un grupo de personas. Los seres humanos quieren acumular un sentido de pertenencia a un grupo de personas o a un acto en particular y esto es lo que los pone en un mayor riesgo de ser influenciados fácilmente.

Emplear la prueba social al persuadir a un individuo significará que usted tiene una base de una norma que ha sido utilizada repetidamente por las personas que consideramos que están en la misma clase. Esta base debe ser algo en lo que la mayoría de la gente participe y no unos pocos números. Tomemos, por ejemplo, que hay novatos en la finca que están buscando proveedores de servicios. Este novato primero estaría inclinado a saber lo que otras personas en la finca están utilizando. Aunque no se asentarán en la misma opción que el resto de la finca, esto será algo parecido a la opción en la que pueden optar por establecerse. Más bien pueden terminar abrazando lo que otros han utilizado. Con esta técnica, el truco es el cual usted debe crear una distinción en la forma en que un individuo se ve a sí mismo como según los demás. Sólo logrará la persuasión convenciendo a este individuo de que la opción deseada es una que ha sido aceptada por un gran grupo de individuos.

Reciprocidad

Cuando se trata de este tipo de técnica, uno necesita entender que una buena hecho se hizo a otro individuo no importa cuán remoto, tiende a ir un largo camino. De la redacción de la misma, la reciprocidad se refiere al proceso por el cual un individuo es capaz de responder a una buena acción realizando una buena acción a cambio. Con este tipo de técnica, encontraremos que la mayoría de la gente no se da cuenta en su inicio no hasta que usted está obligado a devolver el favor. En el mundo de hoy, es casi tan raro como el sol que sale del oeste como encontrar a alguien que extienda sentimientos de calidez y cuidado hacia usted. Salvar a las personas que estamos estrechamente relacionados, tendemos a sentirnos de manera diferente cuando una persona que ni siquiera está en su círculo de amistad extiende sentimientos de corazón cálido.

El sentimiento de obligación surge como resultado de ser extendido una buena hecho por un individuo. Este es el resultado de ser extendido con sentimientos de calidez. En este punto, usted está en posición de persuadir al individuo de la manera que desee. Esto se debe a que él o ella se vería obligado a seguir en la dirección del viento. Cabe señalar que este tipo particular de técnica debe ser prudente en el tiempo. Esto se debe a que la implicación de la reciprocidad no dura para siempre. Hay límites a este cronograma y uno debe ser lo suficientemente cauteloso para asegurarse de que estos límites no se explotan. Con el paso de más tiempo, debilita la ola de reciprocidad.

Para lograr este tipo particular de técnica, un individuo debe jugar en el tono de las ofertas y obligaciones. Si su oferta vale la pena, entonces plantea un efecto de obligación por otro lado. Creando así una situación de ganar.

Consistencia y compromiso

Este tipo de técnica está conectada a una percepción ya formada. Un individuo está en condiciones de establecerse en una opción particular. La elección que este individuo elige sería fijada en él o ella por lo lejos que vayan. De la redacción de la misma, la coherencia y el compromiso se refieren al hecho de que un individuo está en condiciones de tomar una decisión y apegarse a ella con pura determinación y perseverancia. Cuando se trata de persuasión, no todas las técnicas pueden funcionar y usted puede encontrar que usted golpea fondo de roca una o dos veces en su empresa. Cuando esto sucede, no es aconsejable rendirse. La consistencia es lo que construye nuestro carácter en casi todas las facetas de la vida. Este tipo de técnica es vasta de una manera que atraviesa diversos campos no limitados al campo de la educación y los negocios. El primer acercamiento a un individuo con el propósito de convencerlos puede o no terminar de una manera que usted desee. El primer enfoque es a menudo uno que se caracteriza por el rechazo y en algunos casos la tortura mental.

La mejor manera de responder a este tipo de instancia es no rendirse. El segundo encuentro de personas que rechazaron por primera vez tu idea se encargará de que tengas una audiencia que entienda de lo que estás hablando.

La charla de consistencia y compromiso es una que no baja por la garganta fácilmente. Esto se debe a que estas son las facetas más sutiles a abrazar porque tienden a tener un peaje en un individuo. Puedes imaginarte que te rechacen varias ocasiones. Para lograr el compromiso, un individuo debe operar de una manera implacable.

Capítulo 7

—————— ❧☙❧☙ ——————

Gratis por fin

Qué le sucede a tu cerebro y cómo cambiar

No se puede decir que toda una población es terrible sólo porque unas pocas personas en ella han hecho cosas terribles. Hay mucho odio hacia las personas con Trastorno de Personalidad Límite, por ejemplo, y no estoy aquí para promoverlo.

La razón por la que estoy incorporando tanto sobre los trastornos de la personalidad es que cuando una persona no se diagnostica, o nadie los enfrenta a sus problemas, conduce a graves consecuencias. Estas palabras solo están destinadas a inspirarte a tomar acción cuando crees que alguien cercano a ti está luchando. Sin embargo, no estás en posición de lanzar trastornos, así que tenlo en cuenta. Esta es sólo una herramienta de referencia para ver si usted detecta alguna de las "banderas rojas psicológicas" que le llevaría a sugerir que la persona busca ayuda.

También hay una gran diferencia entre "compartir rasgos" con estos trastornos y tener uno. Hay una razón por la que el DSM (el Manual Diagnóstico y Estadístico) es tan blanco y negro y pone serias limitaciones en el diagnóstico. Los profesionales en el campo médico también tienen una política estricta contra el trato con parientes o cualquier persona cercana a ellos. Necesitas tener una opinión totalmente imparcial y al menos cuatro años de escuela medial detrás de ti.

Ahora que se ha presentado el pretexto necesario, creo que es un buen momento para empezar a hablar más en profundidad sobre cómo, exactamente, se diagnostican los trastornos de la personalidad. Sin embargo, esto va para casi cualquier tipo de enfermedad mental. Incluso los que son más "comunes", como la depresión, normalmente tienen "alta agitación" o "irritabilidad" enumeradas como un criterio de diagnóstico.

Por lo tanto, para el ojo no entrenado, estos trastornos pueden parecer bastante similares.

Voy a correr por cada uno, así como cuáles son los criterios para diagnosticarlo. Antes hablé de algunas de las "señales", así como de algunas cosas que ya sabemos sobre los trastornos. Esta sección va a ser mucho más científica, pero haré todo lo posible para desglosarla para que sea fácilmente digerible para usted.

- Trastorno límite de la personalidad: Este es un trastorno que afecta principalmente la autoimagen que tienes. Aquellos con Frontera tienden a tener patrones largos de relaciones inestables, alta dificultad para manejar sus emociones, y más. Esto es particularmente difícil de tratar un trastorno, pero las tasas de recuperación son asombrosamente altas en muchos casos cuando se utiliza tCC, o terapia cognitivo-conductual.

- Los criterios de diagnóstico para el Trastorno de personalidad límite son justos hasta el punto. A diferencia de algunos trastornos, no hay un número específico de meses en los que los síntomas deben ocurrir. En su lugar, se diagnostica en función de los efectos observados en la vida de la persona a medida que crecen en la edad adulta.

- Los criterios son los siguientes:

- Utilizar todos los medios necesarios para evitar el abandono, ya sea real o percibido

- Patrones claros de relaciones inestables y a menudo intensas

- Estas relaciones estarán marcadas por alternancias entre idealización y devaluación

- Tener una mala autoimagen y ninguna idea real de "quiénes" son

- Mostrando signos de alta impulsividad en relación con el comportamiento autodestructivo

- Amenazas frecuentes de suicidio y comportamiento autolesivo

- Cambios de humor extremos de un momento a otro

- Sentirse crónicamente "vacío" en el interior

- Mal control de los temperamentos

- Des asociación relacionada con el estrés hasta el punto de la paranoia

- Hay varios comportamientos "autodestructivos" diferentes que se pueden enumerar. La promiscuidad, el alto gasto y el consumo excesivo de alcohol son tres maneras en que este comportamiento puede ser comprometido.

- Trastorno de Personalidad Narcisista: Este es un trastorno que se caracteriza principalmente por la excesiva necesidad de admiración y atención. A menudo, habrá pocas razones para que esta persona "se merece" la alabanza que busca. También es notable que tendrán un gran sentido de sí mismos con una fuerte falta de empatía.

- Una vez más, esto no es un trastorno que puede ser diagnosticado por cualquier persona que no sea un profesional que se especializa en el trastorno. También hay mucho trabajo que las personas con este trastorno necesitan poner antes de mejorar. A menudo no se presentan a la terapia debido a su narcisismo. En su lugar, terminan buscando algo no relacionado y terminan siendo referidos a un especialista. Es normal que rechacen los diagnósticos y se nieguen a participar en el proceso de recuperación, también.

- Los criterios son los siguientes:

- Tener una autoimagen que es grandiosa

- Exagerar enormemente los logros u otros talentos

- Requiere tratamiento especial sin razón

- Preocupación por las fantasías que rodean el reconocimiento por su brillantez, éxito ilimitado y otros ideales similares

- Excesivamente alta sensación de tener derecho

- Explota y manipula a todos los que los rodean como un medio para sus fines

- Niveles muy bajos de empatía

- Frágil autoestima y falta de confianza

- Aquellos que sufren de trastorno de personalidad narcisista pueden, absolutamente, recuperarse. La pregunta no es si pueden, es si quieren o no. Lo más probable es que encuentre que no están dispuestos a asumir la responsabilidad.

- Es importante tener en cuenta, sin embargo, que esto más debido a tener que aceptar el daño que han enfrentado. Aceptar eso significa procesarlo y darse cuenta de que han dejado un rastro de restos detrás de ellos. El momento más peligroso para una persona que recibe tratamiento para el NPD es esta fase. Aceptar lo que has hecho, y desarrollar activamente la empatía para entender por qué estaba mal, es suficiente para hacer que cualquiera se suicida.

- Trastorno de personalidad antisocial: Tal vez el más hablado, Trastorno de personalidad social a menudo también se malinterpreta. La mayoría de las personas usan las palabras "Sociópata" y "Psicópata" en lugar del nombre real del trastorno. Si no tomas nada más de esta sección, quita la idea de que ninguna de esas palabras es un trastorno. De hecho, sólo se utilizan para describir el comportamiento que se ajusta a diferentes criterios de diagnóstico de trastornos.

- Aquellos que tienen ASPD carecen de empatía por completo. Como resultado, tendrán un largo historial de comportamiento agresivo o violento.

También tendrán, como regla general, numerosos encuentros con la aplicación de la ley y la historia criminal. Su incapacidad para sentir empatía se traduce en un caos interpersonal total y absoluto.

- Entender que hay varios subtipos diferentes para este trastorno. Todos ellos son totalmente peligrosos. Parte de los criterios para ello dice tanto, como resulta. Creo que esto tendrá más sentido si salto en esa parte de ella, sin embargo.

- Los criterios son los siguientes:

- Negarse a obedecer las leyes, tanto sociales como legales, y participar en conductas ilícitas como resultado

- Patrones repetidos de mentir, usar nombres falsificados, participar en el comportamiento de los estafadores y explotar a otros con fines de lucro o placer

- Incapacidad para planificar el futuro

- Altos niveles de agresión y mal control de los temperamentos

- Ignora por completo la seguridad de los demás o de sí mismo

- Comportamiento irresponsable que conduce a la incapacidad de cumplir con las obligaciones financieras o la incapacidad de mantener un trabajo en absoluto

- Incapacidad para sentir remordimiento como resultado de sus acciones

- Tenga en cuenta que debe tener al menos 18 años antes de que este trastorno pueda ser diagnosticado. Parte de los trastornos de la personalidad es que antes de que nuestro cerebro termine de desarrollarse, nuestra personalidad es bastante fluida. La intervención temprana al inicio de los síntomas va un largo camino para poner a la persona en un camino correcto antes de que se hayan ido demasiado lejos.

Recuerde, estos son trastornos extremos que causan un comportamiento extremo. Si bien es posible que sientas que una persona tóxica en tu vida exhibe estos comportamientos, puede ser que sean "narcisistas" en la personalidad, pero no tengan una personalidad desordenada.

Por otro lado, también puede estar experimentando una relación tóxica con alguien que ha sido diagnosticado formalmente. Si usted sabe que la persona tiene el trastorno, y no sólo se ha auto diagnosticado a sí mismo, esta información es vital. En esa nota, esto es algo más que usted debe buscar como una bandera roja para la toxicidad. Alguien glamorando trastornos de la personalidad y afirmando tener uno, aunque nunca ha sido diagnosticado formalmente, se ha vuelto cada vez más popular. Sin embargo, esto no es necesariamente un signo de un trastorno de la personalidad.

En la mayoría de los casos, se trata de personas altamente tóxicas. No tienen una comprensión de la extremidad con la que actúan aquellos que realmente tienen trastornos de la personalidad. Muchos de estos tipos de personas lo están haciendo para llamar la atención y no comprenden la gravedad de la situación. Este tipo de persona es, absolutamente, una bandera roja para sí misma. Recomiendo la dirección libre de cualquiera que haga la luz de la enfermedad mental en general, pero especialmente de aquellos que la glamourizan.

Ahora, creo que es importante que repase la ciencia detrás de los tipos de personalidad, también. Antes los repasé de una manera breve y hablé sobre cómo se relacionaban con el tema en cuestión. Ahora voy a profundizar un poco más en ellos, y por qué son tan grandes en la clasificación de la gente. Nuestros cerebros funcionan de maneras misteriosas, pero con suerte, el suyo se sentirá menos misterioso después de esto!

INFJ

- ¿Qué es el Indicador Tipo Myers Briggs (MBTI)?: Esta es una fantástica herramienta creada por dos mujeres después de estudiar a fondo el trabajo de

Carl Jung. Su teoría de los tipos de personalidad es lo que los inspiró a desarrollar este sistema de identificación. Aunque tampoco eran "científicos", eran expertos absolutos en los sistemas interpersonales y la ciencia de las personas.

- Este es ahora uno de los métodos más utilizados de evaluación psicológica. Muchas empresas lo han incorporado a sus oficinas con el fin de entender mejor a los empleados. Muchos lo tienen en la más alta de las estimas, y ha demostrado una y otra vez ser altamente eficaz.

- La caracterización de los INFJ: ¿Sabías que este es el más raro de todos los tipos de personalidad en el MBTI? Los INFJ son un grupo peculiar y altamente dedicado al mundo que los rodea. Tienden a ser impulsados a promulgar el cambio y ayudar al mundo a convertirse en un lugar mejor. Los INFJ generalmente están predispuestos a quemarse debido a su necesidad de estar siempre avanzando en sus ideales.

- También encontrará que los INFJ están increíblemente orientados a las personas. Quieren pasar tiempo asegurándose de que el mundo que los rodea se está convirtiendo activamente en un lugar mejor. Mientras que menos del 1% de la población comparte este tipo de personalidad, tienden a ser las personas que dejan las mayores marcas en el mundo que los rodea.

- Por qué este tipo está predispuesto: Como se puede imaginar, los que caen en la categoría INFJ son idealistas. A menudo quieren simpatizar con los demás tanto como sea posible y se pueden aprovechar como resultado. Dado que también están predispuestos a quemarse, las relaciones tóxicas pueden tener un costo adicional en ellos. No quieren "renunciar" a la persona con la que están teniendo problemas. En su lugar, quieren ayudarlos.

- Esto crea un ciclo tóxico en el que el INFJ se retira constantemente a la relación tóxica. No pueden "alejarse" de la persona porque saben que de alguna manera pueden ayudarlos. "Renunciar" no es una frase en el vocabulario de muchos INFJ, especialmente aquellos que se dedican a la persona tóxica en su vida.

Empática

- Lo que hace a la gente empática: Esta es una pregunta en gran medida discutible, con muchos completamente indecisos sobre la respuesta. Científicos y laicos por igual se han estado preguntando durante años qué es exactamente la empatía. De hecho, tampoco entendemos cómo se desarrolla. La neuropsicología es un campo completamente nuevo, y debido a eso todavía estamos en la infancia de los descubrimientos que se avecinan. Sin embargo, hay algunas creencias comúnmente mantenidas sobre el asunto. La mayor parte de nuestra evidencia muestra que la empatía se aprende en gran medida.

- Esta es la razón por la que el trauma temprano y el abuso pueden causar que una persona desarrolle una baja empatía. Los que te rodean te enseñan a mostrar un respeto emocional por los demás. Es parte del aprendizaje de "compartir" y cómo llevarse bien con los demás. Cuando una persona no está expuesta a estas ideas desde el principio, puede crear una aparente incapacidad para sentir empatía.

- La mayor parte del juego normal en el que ves que los niños también se involucran cultivará la empatía. El juego es importante no sólo para los niños, sino también para los adultos. Nos ayuda a construir comprensión, trabajar con otros y mucho más. Construir tu inteligencia emocional y empatía no tiene que ser difícil. ¡Eso nos lleva a nuestro próximo tema!

- Inteligencia Emocional: Hay varias maneras en las que puedes construir tu inteligencia emocional. La mayoría de ellos no son muy difíciles, también. Es importante trabajar constantemente para entender a quienes nos rodean. Esto no es sólo bueno para empatizar, es bueno para protegernos a nosotros mismos. Ser capaz de detectar banderas rojas temprano porque tienes una gran comprensión de la gente es algo que necesitas perfeccionar. Esto te ayudará en todos los aspectos de tu vida.

- La inteligencia emocional se refiere a tu capacidad para entender las emociones de los demás. Es como la idea de la inteligencia "estándar". Mientras que la inteligencia estándar se basa en la capacidad de reconocer patrones y resolver problemas, la inteligencia emocional se basa en su capacidad para leer a las personas y entender situaciones interpersonales.

- Voy a repasar varios métodos diferentes para construir inteligencia emocional más adelante en el libro.

Altamente sensible

- Lo que constituye "altamente sensible": Este es un truco, ya que todos nosotros, en un momento u otro, podríamos ser clasificados como "altamente sensibles". Supongo que la mejor manera de verlo es entender la frecuencia de estos escenarios. Con eso, me refiero a la frecuencia con la que sientes que a los demás no les gustas, o lo fácil que lloras. Las personas tímidas y mansas tienden a ser muy sensibles y altamente dependientes de los demás para la tranquilidad.

• Aquellos que son muy sensibles no actúan con agresión o azotan como resultado de que otros inspiran estos sentimientos dentro de ellos. En cambio, tienden a ser víctimas de depresión o mentalidades similares. Las personas muy sensibles son aquellas que lloran con frecuencia sin mucha inspiración. Si lloras cada vez que ves un video de un animal lindo, por ejemplo, definitivamente eres muy sensible.

• El problema con esto es que aquellos que son socios altamente sensibles necesitan que los validen y los levanten. No hay nada de malo en tener una empatía increíblemente alta, y eso es, en general, lo que tienen las personas muy sensibles.

• Algunas personas están predispuestas: Hay dos caras en cada moneda. Muchas personas que no recibieron suficiente atención o amor cuando los niños terminan siendo muy sensibles. El descuido y el abuso pueden causar esto, ya que a menudo hará que las personas sean demasiado empáticas en lugar de carecer de empatía. Eso es parte de por qué la neurociencia es tan complicada- realmente no entendemos por qué algunas personas van a un extremo, mientras que otros van por el camino exacto en otro camino.

- Tener padres estrictos o dominantes también puede causar mayor sensibilidad. Y, por supuesto, algunas personas acaban de nacer como son.

- Superar la alta sensibilidad: Ser más consciente de ti mismo es la mejor manera de comenzar a superar una personalidad altamente sensible. También debe comenzar a participar en actividades y ejercicios de fomento de la confianza. Hay varias maneras de hacer esto, y la mayoría de ellas son increíblemente fáciles. Voy a repasar esto mucho más en profundidad más adelante en el libro. Por ahora, sólo entiende que puedes, de hecho, volver a conectar tu cerebro. No tienes que estar sujeto a las direcciones en las que tu cerebro te empuja.

- Para superar ser muy sensible, necesitas esforzarte para participar en actividades desafiantes. Hay muchas cosas que te ayudan, como la atención plena o la defensa personal. La alta sensibilidad es algo con lo que mucha gente lucha.

Codependientes

- Cómo se forma la codependencia: Hay muchas maneras en que se puede formar una relación codependiente. Uno de los más grandes es que uno de los socios comienza a buscar la validación del otro de una manera que es totalmente inapropiada. La codependencia generalmente ocurre si los dos socios están en "campos de juego diferentes", por así decirlo. Lo que quiero decir con esto es que si uno está significativamente más adelantado en la vida que el otro, existe un alto riesgo de que ese compañero se vuelva codependiente del otro.

- El problema con la codependencia es que no se trata sólo de la única pareja que se ha vuelto codependiente. El "co" es clave aquí. Ambos socios se entrelazan de tal manera que liberarse de la toxicidad puede ser increíblemente difícil.

- Mientras que puede comenzar con uno de los socios apoyándose en el otro, el hecho del asunto es que en un momento u otro, ambas personas se vuelven tóxicas. Por ejemplo, el socio que está apoyando al otro puede sentir que necesita dar ese apoyo porque les hace sentir válidas. También podrían hacerlo por un sentido innato de necesitar "arreglar" a los demás. Y aun así, también pueden alejar a todo el mundo a su alrededor, por lo que una relación codependiente es la única que puede tener éxito para la persona.

- Cambios en el cerebro: Al igual que con cualquier relación, esto tiene algunas consecuencias graves para su cerebro. Esto va para todas las relaciones tóxicas, sin embargo, y vamos a entrar en eso un poco más adelante en este capítulo. De hecho, será el resto del capítulo para que podamos caer realmente en él. Sólo quiero prefacio de la ciencia más complicada con breves vistas generales.

- Esencialmente, puedes volverte, literalmente, adicto a la otra persona.

- Superación de Su Codependencia: Quiero impresionarle en la medida de lo posible que no necesita permanecer en una relación codependiente. Sin embargo, usted también no necesita rechazar las relaciones que tiene. Existe la oportunidad de darles la vuelta y elegir una manera más saludable de mezclarse con la persona. Se necesita mucho esfuerzo, y el establecimiento de límites, pero no es imposible. El cerebro está cambiando constantemente y haciendo nuevas conexiones. ¡Se trata de aprovechar esas conexiones!

Espero que haya sido un examen mucho más exhaustivo de la ciencia detrás de toda esta información. Mi esperanza es que tengan una base sólida para trabajar. Le animo a tomar la prueba del indicador de tipo Myers-Briggs si aún no lo ha hecho. Es una gran manera de averiguar qué tipo de persona eres y darte un poco más de información sobre cómo funciona tu mente. Hay muchas personas que fomentan el uso del MBTI en entornos laborales, también, con el fin de calmar los enfrentamientos interpersonales.

El MBTI también puede ayudarte a entender cómo predispuesto puedes ser relaciones demasiado tóxicas. Tal vez lo más importante, lo que le dirá, además, si usted mismo es tóxico o no.

Hay mucha culpa que se lanza a las víctimas atrapadas en relaciones tóxicas. Esto es muy desafortunado porque, como nos muestra la ciencia, hay mucho más que la "opción" de quedarse. Si actualmente estás atrapado en este tipo de situación, sabe que mi simpatía está contigo. Hay esperanza, y no eres una persona débil. De hecho, estás dando un paso muy grande y valiente leyendo este libro.

Una de las mayores razones por las que la gente cree que las personas que permanecen en una relación tóxica son débiles es que no entienden el núcleo del asunto. Al igual que con la adicción a las drogas, por ejemplo, es difícil de entender desde el exterior mirando hacia adentro. Tener una adicción no es un asunto de risa. Puede ser casi tan peligroso si esa adicción es una persona en lugar de una droga.

El cerebro hace conexiones constantemente y siempre se está reorganizando para procesar y mantener nueva información. Esta estructura cerebral también refleja en gran medida aquellos con los que nos rodeamos. Esta es la razón por la que es tan importante rodearse de personas positivas y con visión de futuro. Debe asegurarse de que se está preparando para el éxito. Esto es siempre lo primero. Tratar con relaciones tóxicas comienza con tratar contigo mismo. Hablaré de un montón de ejercicios y tal para ayudar con eso más adelante en el libro.

Por ahora, vamos a entrar en lo que hace que su cerebro tictac y por qué es tan difícil separarse de la gente. Una vez más, esto es especialmente cierto para aquellos que están atrapados en relaciones abusivas. Si usted es una de esas personas, definitivamente recomiendo que salga de la relación inmediatamente. El abuso deja un gran marcador en tu cerebro y puede prepararte para el fracaso en el futuro. Nadie merece estar en una relación que sea abusiva. Busca ayuda, porque está ahí fuera.

La gente se aloja por una variedad de razones. Por ejemplo:

- Ser menor de 18 años (18 años o menos)

- Matrimonio

- Niños

- Relación familiar

- Compartir un grupo de amigos

Hay muchas más razones, ¡tantas como hay personas! Cada situación es única y tiene su propio conjunto de desafíos. El tuyo, sin duda, será muy diferente a cualquier otra persona. Usted necesita entender entrar en esto que esto será información generalizada. Sin embargo, esto es a propósito para que pueda sentirse a sí mismo como individuo.

En psicología, hay un concepto conocido como "vinculación de trauma", y es una de las razones por las que la gente no puede ver a su abusador por lo que son. Las personas manipuladoras tienen una manera de usar el abuso emocional para obtener la misma reacción de sus víctimas. Después de todo, el trauma no se relaciona sólo con la violencia física. De hecho, el trauma emocional ayuda mucho a afectar el cerebro. Usted puede desarrollar fácilmente el TRASTORNO de estrés postraumático relacionado con el trauma emocional.

Debe tener en cuenta que el trastorno de estrés postraumático por abuso emocional a largo plazo es diferente de algo que ocurre debido a un evento repentino y traumático. De hecho, los psicólogos han comenzado a diferenciar a los dos. El C-

PTSD, que es un trastorno complejo del estrés post trauma, es un diagnóstico en sí mismo.

Esto sucede en unos pocos pasos diferentes. En primer lugar, el abusador tendrá una fase de "luna de miel" en la que tratan a la persona increíblemente bien. Una vez que esta fase de luna de miel ha terminado, comienzan a participar en comportamientos abusivos, que pueden ir desde el abuso emocional hasta la agresión física.

El miedo es a lo que todo se reduce.

Estoy emocionado de compartir este conocimiento con usted, sin embargo, así que permítanme entrar en ello.

Capítulo 8

─────── ❧❧❧❧❧ ───────

El proceso de terminación tóxica (TTP)

Todos pensamos que hemos elegido sabiamente cuando se trata de aquellas personas que son nuestros amigos y que hacen nuestras vidas más fáciles y más divertidas de experimentar. Sin embargo, a veces, a pesar de nuestras defensas, una persona tóxica maneja su manifestación maligna.

Si mantienes tu ingenio sobre ti, pronto los detectarás. Durante un período de tiempo su continuo mordisco y desgaste se vuelve desgaste. O hacen o dicen algo tan odioso y reprobable que crea un punto de inflexión, y sabes que no merecen ningún lugar en tu vida.

Entonces, ¿cómo lidiar con ellos? Una vez que haya agotado cualquier intento de negociar con ellos, la sencillez del enfoque dado es impresionantemente elegante en su simplicidad. Puede requerir las cualidades de determinación, resolución y perseverancia en la forma de jugarlo – cualidades que son muy útiles para desarrollar en cualquier caso y son replicables para otras situaciones.

Considéralo como un acto de formación de personajes.

Diles que no tendrás nada más que ver con ellos. Entonces ignóralas. No vuelvas a comprometerte con ellos por mucho que te lo supliquen. Asegúrese de que entiendan esto y aseguren su compromiso no calificado si puede.

También puede ser útil tener algunas cosas con las que contrarrestarlos en caso de que no reciban el mensaje y actúen en función de él. Esto sólo debe considerarse como un último recurso y se hace mejor a través de un representante legal, dependiendo de si las acciones de la otra parte se intensifican en los turbios e ilegales mundos de acoso o acecho.

Recuerda, las personas que no aportan valor a tu vida no tienen derecho a estar en ella. Todos estos individuos son iniciales a su salud física, mental y emocional. No son dignos de ser tu 'amigo'.

"La vida se encoge o se expande en proporción al valor de uno."

— Anas Nin

El siguiente proceso de terminación tóxica o TTP puede trabajar cara a cara o a través de correo electrónico o redes sociales. Una carta elegantemente escrita se puede utilizar si desea practicar sus habilidades en el arte de la caligrafía. Es posible que desee imprimir el TTP como un recuerdo de ayuda para lo que necesita hacer.

Sea asertivo, directo y educado y esté listo para contrarrestar cualquier argumento. Si todo va según lo planeado, esta será su última interacción con esta persona, por lo que es importante hacerlo bien. Lo que vas a hacer debería resonar dentro de su mente y psique.

Y sácalos de los tuyos.

Ensaya la escena en tu mente y concéntrate en el resultado que deseas. Considera cómo podrían reaccionar, basándote en tu conocimiento de su comportamiento y psicología.

¿Intentarán hacer de todo tu culpa y jugar cualquier culpa residual? ¿Intentarán ahogarte en un lago lleno de su propia incontinencia emocional? ¿Resistirán enérgicamente sus súplicas lógicas y suplicarán por "una última oportunidad"? Dese horadantes de tu imaginación, anota cada escenario potencial y encuentra una serie de respuestas. Usa la visualización para practicar tus reacciones y aclarar tus objetivos.

Si tiene alguna sospecha de que la persona podría recurrir a la violencia física, tenga mucho cuidado. Es posible que desee evitar cualquier contacto físico con ellos. Levante sus preocupaciones con un miembro de la familia, un representante legal, un funcionario encargado de hacer cumplir la ley o un amigo que solía estar en el ejército.

Mantente siempre a salvo.

Una vez que la persona está fuera de tu vida, sigue adelante y no le prestes atención mental. Es posible que esto le resulte difícil inicialmente, así que tenga una serie de cosas que hacer que habilitarán y facilitarán este proceso.

Su compromiso con esta persona puede haber formado algunas conexiones neuronales dentro de su cerebro - recordar la expresión 'neuronas que se disparan juntos alambre juntos'. Afortunadamente la neuro plasticidad (la capacidad del cerebro para crear nuevos patrones de pensamiento) y la neurogénesis (el cerebro, en particular el hipocampo, la creación de nuevas células cerebrales) son sus amigos aquí.

Usted está buscando crear nuevos, potentes, asociativos y transformadores patrones neuronales, que, como un subproducto afortunado y Casual, también sirven para poner fin a cualquier asociación negativa con una persona tóxica.

Tome esto como una oportunidad para hacer diferentes cosas y dar a su cerebro un entrenamiento real. Encuentra nuevos amigos, cosas desafiantes y estimulantes para hacer, practica la meditación consciente. Lee 'El poder de ahora' de Eckhart Tolle, un libro que te arraigará en el presente eterno, libre de los gravámenes de la mano muerta del pasado y de la especulación inútil sobre el futuro no nacido.

Usted está buscando para deshacerse de cualquier rastro de esta persona que permanece alrededor de su mente para asegurarse de que cualquier efecto en usted es erradicado.

Identificación

Has pasado por el Cuadrante de Clasificación de Amigos
(FRQ) y has trabajado a quién quieres conservar en tu vida y,
por proceso de eliminación, que quieres extraer
permanentemente.

Tendrás una lista de éxitos de al menos un Tóxico con quien
lidiar. Si tiene varios tóxicos, vuelva a realizar el ejercicio para
asegurarse de que el primer análisis es correcto. Si tiene más
de uno con quien lidiar, tiene dos opciones.

El primero es realizar TTP en todos ellos, más o menos
simultáneamente; el segundo es apuntarlos uno a la vez.
Ambos enfoques tienen claramente sus pros y sus contras. Si
puedes eliminarlos todos al mismo tiempo has logrado algo
bastante dramático y deberías sentirte muy orgulloso. Sin
embargo, si hay algún vínculo entre los Tóxicos, pueden tratar
de acallarse.

Recogerlos uno por uno y mantenerlos aislados es un proceso a
largo plazo que puede requerir más tiempo, esfuerzo y energía.
El resultado final, sin embargo, es lo que está buscando y esto
puede ser un escenario 'sin dolor, sin ganancia' que no se
puede evitar.

La vida a veces te lanza desafíos para endurecerte y agudizar tu
visión y experiencia. Algunas personas los dan la bienvenida,
lo que no es una excusa para invitar a más Tóxicos a su vida.

Análisis SWOT

Esta es una herramienta clásica de análisis situacional utilizada por muchas organizaciones empresariales para identificar sus fortalezas, debilidades, oportunidades y amenazas. Esto puede incluir la posición de mercado, la financiación, la calidad del personal, la eficacia de la gestión, los sistemas utilizados, el análisis competitivo, etc.

Puede utilizar esto como una herramienta para planificar TTP. El análisis DABE debe cubrir tanto a usted como al Tóxico, por lo que el conocimiento de su historia puede ser útil. Trate también de tener en cuenta cualquier problema ambiental o contextual , donde va a realizar TTP (físico o remoto), otras partes involucradas y así sucesivamente.

Fortalezas:

Tú – motivación e intención (sabes que la persona es tóxica y los quieres fuera de tu vida). Técnica – conoces el proceso y cómo y dónde lo aplicarás. Tienes una personalidad fuerte, en la que has trabajado, y has planeado cada variación concebible en los eventos.

Tóxico – usted no sabe muy bien cómo se comportarán y pueden ser bastante tenaces. Incluso ahora, no está claro qué comportamientos utilizarán. La evidencia y el análisis te llevan a creer que pasarán a desenvainar a otra parte, pero sólo estás un ochenta y cinco por ciento seguro.

Debilidades:

Tú – leves sentimientos de culpa de que algo de esto puede ser tu hacer, y que el Tóxico se está comportando de la manera en que lo hacen porque no te comunicaste antes que no querías tener nada que ver con ellos. Por lo tanto, podrían argumentar que estabas enviando mensajes engañosos y tratar de encontrar un ángulo de culpabilidad en ti, que, debido a tu educación, sabes que podría ser eficaz.

Tóxicos – son muy emocionales. Como persona analítica, esta es una tendencia que detestas y sueles manejar siendo fría e indiferente, que les resulta muy difícil de tratar. Cuanto más enfáticos se ponen, más fría es tu respuesta. Ya tienen este patrón formado, por lo que si es necesario, te sientes cómodo con explotarlo.

Oportunidades:

Usted – usted sabe lo que desea y puede establecer la secuencia de la reunión o correo electrónico tan pronto como sea posible. Usted sabe que a los tóxicos no le gustan el cambio y las sorpresas, por lo que puede mal pie de ellos actuando rápidamente y golpeando con su misiva TTP cuidadosamente perfeccionada cuando menos lo esperan.

Tóxico – no está claro cuáles son sus opciones en esta etapa, usted ha factorizado todo lo que se puede pensar en el ensayo de vestuario mental que ha realizado, y son lo suficientemente inteligentes para contrarrestar cualquier cosa que, a parte de ellos tirando de un arma sobre usted, viene leftfield.

Amenazas:

Usted – nadie puede predecir el cien por cien de lo que sucederá en cualquier situación de dar. Has planeado lo mejor que puedes y lo has pensado y no puedes ver ninguna desventaja. Una vez más, su mentalidad flexible debería servirle bien. Se reunirán en un lugar público, así que lo peor que puede esperar es una serie de berrinches llorosos y exhibiciones infantiles y ruidosas de inquietud.

Tóxico – usted ha sido el centro de la obsesión del Tóxico por mucho más tiempo de lo que desea recordar. Ahora te estás ausentas permanentemente de la vida del Tóxico y esto les dará un golpe duro, tal vez más duro de lo que tú o ellos saben. Lo que el Tóxico hará a continuación no está claro, probablemente tanto para ellos como para usted. Has decidido que son malos para ti estar cerca y, en última instancia, tu felicidad y tranquilidad son lo único que te importa, así que no tienes más remedio que continuar con la estrategia con la que te has comprometido.

Negociación (Opcional)

Esta es la muy razonable etapa de "una última oportunidad" del TTP. Le estás diciendo al Tóxico que es tu camino o la autopista.

Tenga en cuenta que esta etapa es opcional. Si sabes que definitivamente quieres que el Tóxico salga de tu vida, deberías ir directamente a Ritos Finales y Entierro. Si crees que hay alguna posibilidad remota de que el Tóxico cambie su comportamiento de una manera que sea aceptable para ti, la negociación es tu única opción realista. Asegúrese de que está eligiendo esto de una manera analítica clara, y no está permitiendo que la emoción o el sentimiento nublen su juicio.

Si la negociación falla y el Tóxico, que está de acuerdo verbalmente con todo lo que dices, vuelve a su antiguo comportamiento tan pronto como tienen la oportunidad, has perdido mucho tiempo y energía y le das al Tóxico más poder. Esto podría hacer que las etapas de rechazo del TTP sean más difíciles de lo que necesitan. Así que ten cuidado mucho si sigues esta ruta.

Al negociar, hágales saber que hay un problema y que ellos son el problema. No querrás entrar en discusiones tortuosas de largo viento sobre quién tiene la culpa. Todo en lo que te estás enfocando es que son malos para ti, su comportamiento es inaceptable y que, a menos que el comportamiento cambie, no los quieres en tu vida. Usted puede esperar un grado de argumento y Bravatas; especialmente si el Tóxico es de lamentación de que nada es nunca su culpa.

Que quede claro, conciso e inhábilmente para asegurarse de que entiendan que esta es su última oportunidad. Además, que está estableciendo un período de tiempo en el que está esperando que realicen los cambios necesarios.

Acepte que es posible que necesite modificar parte de su comportamiento: la negociación es una cuestión de dar y tomar y comercializar concesiones. Sin embargo, hágales conscientes de que hay límites que no deben cruzar y que si lo hacen, eso es todo. Están fuera de tu vida para siempre. Haz que entiendan las consecuencias de la transgresión y se comprometan a cambiar. Una declaración escrita o un correo electrónico a este efecto es una manera efectiva de sellar el trato.

El Tóxico, que brota de acuerdo, puede querer un abrazo o alguna tranquilidad física en esta etapa.

¿Deberías hacerlo? Depende de su lectura del Tóxico. Podrían pensar que se han salió con la suya con algo y que tú no hablas en serio. Así que en equilibrio, no – mantener todo profesional, cordial y de negocios como. También asegúrese de que sepan que usted está monitoreando su progreso, y que cualquier transgresión de su parte resultará fatal.

Primera etapa – Ritos finales

Paso 1.

Es hora de sacar a este individuo de tu vida para siempre. Han tenido múltiples oportunidades, pero no cambiarán. Simplemente no pueden hacer el esfuerzo de cambiar y nunca se redimirán, así que déjalos ir. Ha completado su análisis y tomado la decisión. Es hora de iniciar la secuencia de terminación.

Paso 2.

El mensaje se puede entregar en persona, por carta o correo electrónico. Averiguar lo que más se siente haciendo y lo que, dado su conocimiento de la persona, será más eficaz. Recuerda, esto no es negociable, así que elabora tu mensaje a fondo para que incluso el Tóxico más denso lo entienda y actúe en consecuencia.

Paso 3.

Diles cómo te hace sentir la forma en que te tratan y que no aceptarás esto de nadie. (Ensaye esto unas cuantas veces – ser fuerte y asertivo.) Muéstrales quién es el jefe y establece las reglas. Aconséjeles lo tóxicos que son y cómo se niega a seguir tolerándolos. Su comunicación debe ser directa, educada y equilibrada. Hagan lo que hagan, no desciendes a ser innoble o demasiado emocional, y por lo tanto conservas el terreno moralmente alto.

Paso 4.

Hazles conscientes de que ya no deseas comunicarte ni pasar tiempo con ellos. Asegúrese de que este mensaje es corto, nítido y al grano. Haz que estén de acuerdo con esto: quieres un compromiso de ellos de que nunca volverán a contactarte de ninguna manera, forma o forma.

La mayoría de la gente tiene un sentido del honor, si es así, saca a relucir esta buena calidad recordándoles. Incluso podrían sentirse mejor durante la duración de la conversación. Pero claramente no dejes que usen esto como argumento para mantenerse en contacto.

Paso 5.

Cortar su suministro de oxígeno por ser sucinto. No les des ninguna información que puedan usar para colgar un contra argumento o interpretar de una manera que sugiera que hay alguna esperanza para ellos. Sólo di que no si piden algo. No tomes nada de lo que ofrezcan para evitar posibles viajes de culpabilidad. Asegúrese de controlar la interacción y el diálogo en todas las etapas.

¿Cómo deberías argumentar? Tiene que ser eficaz y conciso. Podrías verte a ti mismo como un abogado ultimando su caso y presentándolo tanto al juez como al jurado. Si es necesario, necesitas estar muy concentrado, decidido e incluso brutal, lo que sea necesario para reforzar el mensaje y deshacerse de ellos. No quieres convertirlos en un enemigo, aunque a veces esto es inevitable.

Y, aunque tentador, es posible que no desee ir tan lejos como la siguiente cita de un drama de televisión impresionante (aunque si usted está tratando con un tóxico particularmente agresivo y abusivo a largo plazo, es posible que encuentre partes de él inspirador):

Etapa Dos – Entierro

Paso 1.

Ahora cumple tu promesa y sácalos de tu vida por completo: no contestes correos electrónicos ni llamadas, no hagas nada para animarlos. En blanco. Deshazte de ellos.

Si la persona tiene alguna decencia, honor o integridad, respetará sus deseos y lo dejará en paz.

Paso 2.

Ten en cuenta que algunas personas intentarán todos los trucos del libro para argumentar en tu contra e insinuar su camino de regreso a tu vida (es por eso que necesitas obtener su consentimiento y compromiso, descrito en el párrafo 4 anterior). Así que vestir-ensayar su estrategia y resolver sus posibles respuestas. No caigas en viajes de culpa, aspiradores o cualquier otra cosa que puedan intentar en el futuro.

Paso 3.

No sientas culpa ni remordimiento. Estás haciendo lo mejor para hacerte feliz. Los individuos tóxicos están llenos de veneno para tu mente y alma, así que deshacerte de esta fuerza negativa innecesaria te permite vivir tu mejor vida.

Para ti, esta persona ya no existe y está efectivamente muerta para ti. La resurrección no es una opción.

Paso 4.

Si es necesario, cambie sus direcciones de correo electrónico, sitios que a menudo con frecuencia y así sucesivamente. Si eres un aficionado a las redes sociales, asegúrate de que tu seguridad esté al máximo. O simplemente hacer algo más interesante en el mundo no virtual.

Paso 5.

Desea asegurarse de que este individuo no pueda comunicarse con usted de ninguna manera. Si necesita una dirección de correo electrónico existente, simplemente configure una regla para mover cualquier comunicación de ellos a una carpeta designada para que ni siquiera la lea. Usted puede optar por mantener un registro de sus comunicaciones, pero ¿realmente necesita leerlas?

Paso 6.

Tenga mucho cuidado con cualquier solicitud en línea para ser su amigo de alguien que no conoce. Ve a todos. Un grado de vigilancia hará maravillas para su propio interés y reducirá la posibilidad de que el tóxico se cuele de nuevo en su vida.

Paso 7.

Obviamente no sigues al individuo tóxico en ninguna red social, blog o sitio similar. Su objetivo es un descanso limpio y claro para que no haga nada que comprometa esto. Fuera de la vista está fuera de la mente, ¿verdad?

Paso 8.

Usted puede considerar la retención de copias de cualquier correspondencia existente en caso de que lo necesite para su asesor legal, autoridades, etc., dependiendo del marco legal dentro de su jurisdicción.

Si no desea que este material contamine su casa o PC/ Mac / tableta / teléfono, guárdelo en otro lugar, en una memoria, con su representante legal o en un servidor en la nube seguro. Tratarlo con precaución y ponerlo en cuarentena , como una pieza de malware.

Paso 9.

Si la persona resulta intratable e intenta ponerse en contacto, considere la posibilidad de redirigir cualquier comunicación adicional a su representante legal para determinar si hay motivos para que se tomen un procedimiento.

Paso 10.

Quieres que el individuo tóxico salga de tu vida permanentemente - esto significa física y psicológicamente. Esto implica no pensar en ellos, no alimentarlos o darles ningún espacio en la cabeza. Podrías hacer un breve rito de exorcismo si esto funciona para ti, pasar más tiempo con tus amigos reales, cantar una canción (ding dong, el Tóxico se ha ido), contar una broma, tomar una copa, o ir a comer decentemente en un buen restaurante.

Paso 11.

En última instancia, vive la mejor vida que puedas.

Disfrutar, ser creativo, divertirse, hacer nuevos amigos, aprender a volar y obtener su licencia de piloto, dominar un instrumento musical para realmente involucrar a todas las partes de su cerebro (teclados son buenos), obtener un trabajo diferente, viajar extensamente.

Vea la salida del Tóxico como una llamada de atención para cambiar su vida.

Haz cosas que te involucren plenamente en el momento para que no sientas ninguna compulsión para rumiar sobre el pasado. No estarás lloriqueando cuando estés dando vueltas por St. Moritz a 90 mph o saltando en la azotea a la azotea en París mientras perfeccionas tus habilidades de parkour.

Elige lo que sea para ti. Seguir adelante y ser tu mejor yo es la forma más efectiva de desconectar y distanciarse de las influencias tóxicas malignas. Y puedes hacer la sonrisa verdaderamente espontánea de Duchene. Sabes que odiarán el hecho de que estás teniendo un tiempo más feliz y exitoso sin ellos de lo que podrían empezar a concebir.

Paso 12.

Sea vigilante y consciente de sí mismo para que no atraiga a esas personas en el futuro. Trabaja en tu autoestima y confianza en ti mismo si descubres que la exposición prolongada a un tóxico te ha hecho perder la confianza en tu capacidad para leer a las personas. Construir tu autoestima y confianza en ti mismo te ayudará inconmensurablemente cuando se trata de atraer a los amigos adecuados y crear relaciones saludables.

Tenga cuidado

Esa zanja de su tóxico puede hacer que pierda otros amigos, especialmente si el tóxico ha logrado hacer que parezca tóxico para abandonarlos. Hay poco o algo que puedas hacer al respecto. A veces la libertad tiene un costo.

Tal vez necesites un nuevo grupo de personas en tu vida de todos modos.

Capítulo 9

------- ❧❦❧ -------

Ejercicios para probar

Mientras que uno a una vez con un terapeuta va a ser necesario con el fin de superar el complicado proceso de recuperación de una vida de tratar con una madre narcisista, es importante entender que el cambio es posible gracias a un concepto conocido como neural Plasticidad. Mientras trabajas en lidiar con tus problemas más grandes a largo plazo, los siguientes ejercicios pueden ayudarte a enfrentar los síntomas de estos problemas a corto plazo.

Esté atento a las distorsiones cognitivas : Con el fin de reestructurar sus pensamientos, lo primero que va a tener que hacer es tomar conciencia de cuando sus pensamientos están distorsionando la verdad del asunto. Estos tipos de distorsiones pueden venir en una amplia variedad de formas y tamaños, pero lo único que tendrán en común es que tratarán de obligarte a ver el mundo de manera diferente a lo que realmente es. Como tal, la manera de asegurarse de que esto deja de ser un problema es ser más consciente de cuándo están afectando a la forma en que responde a situaciones específicas.

Una vez que usted es más consciente de cuando se está produciendo una distorsión cognitiva, entonces usted será capaz de responder más fácilmente a la situación de una manera que es productiva, en lugar de simplemente estar a lo largo del paseo. Para empezar, simplemente tienes que preguntarte de qué otra manera podrías estar pensando en lo que sea que esté pasando. También puede resultarle útil considerar cuál podría ser el peor de los casos en la situación actual. Con eso en mente, es probable que encuentre que comienza a sentirse mejor cuando se considera la probabilidad de que ese escenario realmente ocurra.

Con esto hecho, es importante actuar sobre la información que ha ganado, especialmente si usted ha determinado que la distorsión cognitiva es inválida. Pasar por el proceso de determinar la precisión de una distorsión cognitiva no tiene sentido si no sigues lo que has aprendido. El cambio no tiene por qué ser inmediato, después de que algunas distorsiones probablemente habrán estado con usted durante mucho tiempo, sin embargo, siempre y cuando reconozca lo que ha aprendido y permanezca abierto a nuevas experiencias en el futuro, usted encontrará que su viejo cognitivo distorsiones pueden dar paso a una nueva forma de ver el mundo.

Reestructuración cognitiva: Si miras las distorsiones cognitivas de otra persona, es probable que las encuentres fáciles de disputar. Por ejemplo, no importa cuánto se sienta un amigo tuyo como si fueran absolutamente los peores, puedes ver por qué esto es falso. Sin embargo, cuando se trata de sus distorsiones cognitivas personales, es probable que les resulte mucho más difícil superar, por lo que persisten en primer lugar. Usted encontrará que, sin ayuda, usted seguirá creyendo en sus propias distorsiones cognitivas no importa cómo realmente difieren de la forma en que el mundo es realmente.

Por suerte, hay varias maneras diferentes de derribar sus distorsiones cognitivas, no importa cuán profundamente arraigadas podrían ser. Estas técnicas se pueden utilizar en cualquier momento que te encuentres encontrando contra una distorsión cognitiva y, con suficiente práctica, te encontrarás enfrentándote a ellos cada vez menos a menudo y serán reemplazados por pensamientos equilibrados y precisos en su lugar.

Para empezar, usted va a querer utilizar lo que se conoce como cuestionamiento socrático para determinar la validez de sus pensamientos fuera de la puerta. El filósofo griego Sócrates siempre hizo hincapié en la importancia de las preguntas como medio de explorar ideas complicadas y descubrir suposiciones inherentes. Para hacer uso de su método cuando se trata de distorsiones cognitivas, usted querrá evaluar que usted está mirando las cosas a través de su filtro haciendo una serie de preguntas diferentes de sí mismo. Estas preguntas incluyen:

• ¿Es un pensamiento realista?

•¿Cuál es la base del pensamiento, son sentimientos o son hechos?

•¿Tiene este pensamiento alguna evidencia que lo respalde?

•¿Es posible que esté malinterpretando la evidencia basada en la distorsión cognitiva?

•¿Es esta situación más complicada que simplemente blanco o negro?

•¿Es un pensamiento habitual o está respaldado por los hechos de la situación actual?

Cuando te encuentres con un pensamiento negativo que simplemente no puedes sacudir, tómate el tiempo para probarlo en su lugar. Esta es una gran manera de tomar lo que sea en lo que estás pensando y encontrar una respuesta, de una manera u otra. Por ejemplo, si estás enojado porque te sientes demasiado estresado en el trabajo para tomar descansos, entonces esto es algo que se puede probar fácilmente. Simplemente actuaría normalmente una semana y calificaría su efectividad general, y luego tomaría más descansos la semana siguiente, calificaría su efectividad general y luego comparar los dos. Esto elimina todo el proceso de lo teórico y lo pone completamente en el ámbito de algo que se puede probar con resultados que se pueden llevar al banco.

Si el proceso de pensamiento en el que estás atascado no se puede probar fácilmente, entonces en su lugar puede encontrar útil mirar toda la evidencia disponible y ver a dónde te lleva. Para ello, todo lo que necesita hacer es echar un vistazo largo y duro a la situación en cuestión y luego escribir todo lo que apoya lo que su proceso de pensamiento dice está sucediendo y luego todo lo que apoya la idea de que su percepción de la situación está deformada. Cuando usted está mirando la evidencia en la cara usted encontrará que es mucho más difícil esconderse de la verdad que cuando todo está simplemente flotando alrededor de su cabeza en su lugar.

Romper patrones comunes: Finalmente, sabiendo lo que ahora sabes, lo único que queda por hacer es salir de los patrones que se han formado alrededor de las distorsiones cognitivas de las que estás tratando de liberarte. Esto va a ser mucho más fácil decirlo que hacerlo, sin embargo, especialmente si los hábitos están extremadamente arraigados. Como tal, es posible que desee comenzar por cambiar pequeños aspectos de los hábitos negativos primero, antes de trabajar hasta un cambio en toda regla. Esto le dará a sus vías neuronales arraigadas algún tiempo para comenzar a expandirse antes de saltar a algo completamente nuevo y diferente.

Recuerda, se tarda unos 30 días en construir un nuevo hábito desde cero, lo que significa que una vez que hayas llegado al punto en el que estés listo para darle al viejo hábito la bota para siempre, deberías estar listo para comenzar inmediatamente algo nuevo para tomar su lugar. Tener un nuevo hábito para reemplazar el viejo con directamente le dará a su mente algo nuevo para aferrarse, dándole un lugar para poner su enfoque mientras se centra en la tarea más seria de patear el viejo hábito a la acera. Ten en cuenta que formar un nuevo hábito es una oportunidad para mejorar algún aspecto de tu vida cotidiana, elige sabiamente y mantenlo una vez que comiences. Mientras que las cosas pueden ser difíciles en el intermedio, en sólo un mes se establecerá en su nueva rutina y todo habrá valió la pena.

Auto hablar positivo: Si alguna vez has escuchado una pequeña voz en tu mente diciéndote que no eres lo suficientemente bueno, lo suficientemente inteligente, lo suficientemente fuerte o lo suficientemente rápido como para completar una tarea dada, entonces has experimentado auto habla negativa. Mientras que la mayoría de la gente escucha esta voz de vez en cuando, y más o menos ignorarla, para aquellos con problemas persistentes relacionados con una madre narcisista, este tipo de auto hablar negativo a menudo nunca se detiene. Mientras que la mayoría de la gente será capaz de ignorarlo por un tiempo, eventualmente comienza a funcionar como un mantra y se filtra en el tejido mismo de sus procesos de pensamiento.

Es decir, que este nivel de repetición puede tener un impacto mucho mayor de lo que inicialmente puede darse realizar, ya que eventualmente, puede llegar a creer que es cierto independientemente de cuál sea el verdadero estado del mundo. Si no tienes cuidado, lo que comienza como un simple acosamiento podría redefinir en última instancia la misma forma en que te ves a ti mismo, cómo piensas en ti mismo y cómo te defines con pensamientos y acciones.

Para combatir esta tendencia insidiosa, tu mejor defensa es su auto habla opuesta o positiva. La auto habla positiva es un ejercicio que puedes hacer cuando sientes la necesidad o cuando estás teniendo un pensamiento particularmente negativo sobre ti mismo. Empezar es extremadamente simple, todo lo que necesita hacer es negar mentalmente el pensamiento negativo y reemplazarlo por uno positivo en su lugar. La negación es un paso importante en el proceso, ya que es importante que usted consigue el hábito de negar activamente la auto habla negativa para obtener los mejores resultados.

El primer paso para solucionar el problema es ser consciente de ello, si ya has practicado la meditación que el concepto de ver pensamientos sin interactuar con ellos ya te será familiar. Básicamente, lo que quieres hacer es tomarte el tiempo para ser plenamente consciente de cada pensamiento que pasa por tu mente. Las formas comunes de auto hablar negativas involucran las frases "No puedo" o "Nunca he sido capaz de", estas son respuestas comunes a los patrones de mentalidad fija y deben evitarse a toda costa. Si encuentras que te importa estar lleno de este tipo de declaraciones, responde a ellas preguntándoles "por qué no puedo" y ve adónde te lleva este tren de pensamiento.

Puede ser fácil dejar que los pensamientos existan en segundo plano mientras que otra tarea es al frente y en el centro, pero para este ejercicio, es importante centrarse en esos otros pensamientos durante el tiempo suficiente para asegurarse de que no están albergando pensamientos que podrían promover una mentalidad fija. El truco es escuchar estos pensamientos sin interactuar con ellos, el objetivo es encontrarlos y dejarlos ir sin darles ningún inmueble mental adicional. Mientras usted está trabajando en no interactuar con estos pensamientos disruptivos puede ser útil en su lugar pensar, "Abortar, abortar" después de que se haya percibido cualquier auto hablar negativo. Este comando romperá cualquier proceso de pensamiento que estaba trabajando actualmente y le permitirá expulsar el pensamiento negativo más fácilmente.

Si te encuentras teniendo dificultades con este consejo en particular, otra opción es usar una banda de goma o corbata alrededor de la muñeca para que cada vez que te cojas en auto hablar negativo puedas romperte la muñeca. Esto servirá para dos funciones. La primera es que atraerá su atención a la auto habla negativa para que se dé cuenta de ello y luego pueda tratar con él en consecuencia. La segunda es distraer tu mente de la negatividad el tiempo suficiente para que el pensamiento negativo no tenga tiempo de propagarse.

Meditación mindfulness: La meditación puede hacer maravillas. Las actividades de atención plena, incluida la meditación, pueden provocar un gran volumen del hipocampo y la amígdala y reducir el estrés. Un proyecto de investigación mostró evidencia de que sólo 27 minutos al día de meditación u otras técnicas de atención plena pueden lograr mejoras en el rendimiento del hipocampo y la amígdala y aliviar el estrés.

Mientras que el objetivo final de la meditación consciente es calmar la mente en un esfuerzo por encontrar un estado de calma interna a pesar del ajetreo y el bullicio del mundo exterior, a muchas personas les resulta difícil lograr este estado desde la puerta. En su lugar, es probable que le resulte más fácil empezar a suplantar cualquier pensamiento que pueda tener al centrar toda su atención en las señales que sus sentidos le están transmitiendo a la exclusión de todo lo demás. Si bien es posible que no sientas que estás recibiendo muchos datos sobre el mundo físico, especialmente si estás practicando en un espacio tranquilo y templado, la verdad del asunto es que tu cerebro filtra naturalmente aproximadamente el ochenta por ciento de todo lo que recibe, sólo tiene que entrar en el hábito de aprovecharlo.

Con la práctica, aprenderás a afinar tus pensamientos más comunes y a sintonizar lo que está pasando a tu alrededor.

Cuando haces esto, es importante simplemente tomar en la información que tus sentidos están proporcionando sin pensar en ello demasiado profundamente o transmitir juicio sobre lo que percibes. Juzgar tiende a conducir a pensamientos adicionales o, peor aún, comparación del grupo actual de situaciones con las del pasado que es más probable que te saque del momento y hacer que encontrar el estado de calma que estás buscando sea aún más difícil de lo que es probable que ser, especialmente cuando usted está empezando.

Recuerda, el objetivo con la meditación consciente es acercarte lo más posible a la existente e ignorar todo lo que esté fuera de tu entorno actual tanto como sea posible. Para alcanzar el estado requerido vas a querer empezar por enfocarte en tu respiración, la sensación del aire entrando y saliendo lentamente de tus pulmones, así como cualquier olor o sabor que vaya junto con esta práctica. A partir de ahí se puede ampliar la esfera de observación a cualquier otra sensación que su cuerpo podría estar experimentando, todo el tiempo profundizando en usted mismo en busca del punto donde su mente deja de formar nuevos pensamientos y simplemente existe en un estado de paz Relajación.

La conciencia plena no es necesariamente calmar la mente o encontrar un estado eterno de calma. El objetivo aquí es simple. Queremos prestar atención al momento en que estamos sin juzgar. Cuando juzgamos un pensamiento o algo que hayamos hecho en el pasado, tendemos a demorarnos en él. Eso no es vivir en el momento y no es propicio para la meditación consciente. Si bien esto es más fácil decirlo que hacerlo, es un paso crucial para la meditación consciente. Con la práctica, será fácil de lograr. Ten en cuenta el momento, los sentidos y el entorno.

Tome nota de las veces que está juzgando mientras práctica. Toma nota de ellos y sigue adelante. Es fácil para nuestras mentes perderse en el pensamiento. La meditación mindfulness es el arte de volver al momento, una y otra vez, tantas veces como sea necesario. No te desanimes. Al principio, encontrarás que tu mente vaga mucho. Vuelve a entrar y sigue avanzando. Incluso si tu mente vaga— y lo hará, no seas dura para ti misma. Reconoce cualquier pensamiento que aparezca, ponlos a un lado y vuelve a la pista.

Mantenerlo: Esta lista no es de ninguna manera exhaustiva, y a veces un contratiempo realmente puede alterar sus planes para resolver algunos problemas muy reales en su vida. Piensa en la destrucción, las amistades perdidas y tal vez las oportunidades perdidas. Oportunidades para hacer más de ti mismo o las oportunidades de conocer a las personas a lo largo de tu vida algo mejor.

Recuerda no desanimarte. Recuerda que no necesitas ser perfecto todo el tiempo y no ignores demasiado tus sentimientos. Déjate un poco flojo. No seas tan duro contigo mismo. Quieres formar nuevos hábitos, nuevas habilidades de afrontamiento.

No hay manera de averiguar más sobre ti mismo si no pones el trabajo duro. Trate de sudar y pruebe algunas de las ideas aquí que requieren que deje una posición sentada. Un corredor puede tropezar en el campo a veces, pero se levanta y continúa corriendo hasta llegar a la línea de meta. El verdadero ganador no es quién llegó primero a la meta, sino los que no se dieron por un acuerdo. A veces todavía puedes tener dificultad para manejar tus emociones y contener tu ira, pero eso es normal y comprensible. No somos perfectos y puede que a veces vayamos por el camino diferente. Pero recuerda siempre cuál es tu objetivo y cuánta mejora has hecho hasta ahora.

Capítulo 10

— — — — — ❧❦❧❦❧ — — — — —

Imágenes públicas y privadas de los narcisistas

Los narcisistas son buenos actores. Esta es una de sus habilidades manipuladoras. Necesitan habilidades histriónicas para aligerar a sus víctimas y afirmar su dominio. Cuanto mejor entiendas sus buenas habilidades de actuación, mejor podrás lidiar con ellas.

Los narcisistas pueden ser encantadores cuando quieren. Quiero decir, ¡son grandes encantadores! Tienen la increíble habilidad de barrerte de tus pies en un primer encuentro. ¡Te encantarán! Son astutos en la lectura de sus guiones y en la interpretación de sus papeles perfectamente bien. ¡Por eso son buenos actores!

¿Y cuáles son sus guiones? Tú y yo. Sus guiones son personas que conocen y situaciones que se encuentran a sí mismos. Te encantarán si necesitan algo de ti. Puede que les guste algo o no les guste, dependiendo del guion. Por ejemplo, un narcisista puede no gustar tu gusto por la música, pero puede decirte que ama para entrar en ti.

Un narcisista puede pretender que le gusta tu celebridad favorita si eso le ayudará a causar. Tengo que advertirles, los narcisistas son buenos actores, mejor que Angelina Jolie y Dwayne Johnson juntos. Bien, eso puede ser una exageración. ¿Pero entiendes mi punto? Bien, eso es todo lo que importa.

Realmente tienes que entender este aspecto de los narcisistas, porque este es un aspecto que la gente realmente no sabe de ellos. Y esta es la razón por la que la gente, incluso algunos parientes y amigos, no saben el ideal que un niño está pasando en casa. La razón es porque el narcisista está jugando el papel de la mejor madre fuera y villano en casa.

Así que voy a dedicar este capítulo para revelar sus diversas imágenes y papeles. Podría escribir un libro entero sobre esto solo. Para ayudarte a tener una comprensión concreta de las habilidades de actuación de los narcisistas, usaré imágenes tangibles para explicarlas.

El camaleón humano

Los narcisistas cambian atributos más que los camaleones. Esa comparación puede ser hiperbólica, pero no es eso, si has conocido a un narcisista. Los camaleones cambian de color por varias razones: adaptarse a sus ambientes: ajustar su temperatura corporal a la de su entorno, atrapar presas desprevenidas y protegerse de los depredadores.

¿Te suena familiar? Narcisista actúa con el fin de:

Adaptarse a sus entornos

Al igual que los camaleones, los narcisistas necesitan adaptarse adecuadamente a sus entornos antes de comenzar su operación. Esto es lo primero que hacen. No dejes que su auto absorción y su insensibilidad te engañen para que pienses que no saben lo que está pasando a su alrededor. ¡Lo hacen!

Hacen más de lo que crees, y esta es una de sus ventajas. Se necesita sabiduría oscura para fomentar la división entre las personas. Se necesita un poco de ingenio para encender el gas y explotar a los demás con fines egoístas. ¡Así que despierta de tu sueño! Los narcisistas están mucho más alerta a su entorno.

Son grandes lectores de situaciones y buenas calculadoras. Pueden parecer lentos como camaleones, pero su astucia compensa su aparente tardanza. Para adaptarse a su entorno, el narcisista hace una gran cantidad de lectura de guiones.

Ajustar su temperatura corporal a la de su entorno

Mientras que los camaleones ajustan su temperatura corporal para que coincida con la de su entorno, los narcisistas ajustan su estado de ánimo y carácter para que coincidan con los de quienes los rodean de los que se benefician. Los narcisistas nunca ajustarán su estado de ánimo para aquellos a quienes puedan intimidar.

Esta habilidad ensacó a los narcisistas de los forasteros. Una mujer puede ser narcisista en su casa y nadie en su iglesia puede saber nada al respecto. ¡Son tan buenos! Tu madre narcisista puede dar su mejor comportamiento en público, para la admiración de todos, incluyéndote a ti. Puede que te preguntes si esta es realmente tu madre. Ella ha dominado el arte de jugar el estado de ánimo.

Trampa presas desprevenidas

¿Has visto la lengua del camaleón antes? Es una cosa larga que es súper rápida. El camaleón lo utiliza para dibujar presas desprevenidas en las bóvedas de su estómago. Los narcisistas también son así. Puede que no sean rápidos como camaleones, pero al igual que sus homólogos reptiles, su ataque es repentino y rápido.

Primero empiezan disfrazándose de buenas personas. Harán todo lo posible para que sus víctimas se sientan cómodas antes de atacar. Es como el proverbial folclore en el que el reino animal decidió matar al elefante orgulloso. La única manera de hacer esto era hacer que el elefante fuera el rey.

En medio de la pompa y el desfile, llevaron al elefante al trono que se colocó en un agujero muy profundo. ¡Ruido sordo! El grandullón se estrelló en el agujero trompeta mientras bajaba. Ese fue el final de ese elefante. Moral de la historia: Al narcisista no le importa hacerte rey si así es como se deshará de ti.

Protéjase de los depredadores

Aunque los narcisistas viven en un mundo imaginario, entienden los peligros de la vida real. Esto es de esperar ya que el trauma de la vida real fue lo que alentó su narcisismo en primer lugar. Si pretender ser quien no son protegerá su dominio y sus intereses egoístas, lo harán.

Incluso pueden obedecer o someterse por el momento a protegerse. Pero ten la seguridad de que atacarán en el momento oportuno, y atacarán con fuerza.

Tener múltiples imágenes es muy esencial para la supervivencia de los narcisistas. Es su forma de tener el control. Requieren una imagen pública y una imagen privada para estar en la cima de su juego. La imagen pública es agradable, fácil, y encantador. Esta no es su verdadera naturaleza. Es una falsa proyección de su verdadero yo. La imagen privada, por otro lado, es lo que realmente son. Tu verdadero carácter es la cualidad que exhibes cuando estás solo. Es puro y sin pretensiones.

Imágenes típicas de los narcisistas

Los narcisistas se pueden comparar con muchas cosas. Los narcisistas son:

Como la tierra

Los narcisistas son como la tierra. ¿Cómo? Me alegra que preguntes. La tierra es oscura en un lado y brillante en el otro lado. Esto explica día y noche. Cuando Estados Unidos esté soleado, el Reino Unido estará lunar. A medida que la tierra gira alrededor de su propio eje, un lado mira hacia el sol y el otro lado respalda el sol. El lado que da al sol es el día y el otro lado es la noche.

Narcisistas gira alrededor de su propio eje también! Muestran un lado bueno a algunos y el lado malo de otros, dependiendo de su estado de ánimo, relación e interés egoísta. Su imagen pública es soleada, encantadora y hermosa de contemplar. Te encantaría. Pero su imagen privada es a menudo oscura y helada fría. Esta es su verdadera naturaleza.

Su lado oscuro es insensible, sin emociones, abusivo, divisivo, dominante, arrogante y cualquier otro rasgo que he abordado anteriormente sobre NDP. Este es el lado que está oculto, pero es el lado que es venenoso.

Demonios en casa

En su buen día, los narcisistas pueden ser muy crueles, pero en su mal día pueden ser monstruosos. Por supuesto, esta imagen se muestra a los que están cerca de ellos. Es su imagen privada. Son monstruos venenosos que victimizan a sus víctimas. Son imparables en su búsqueda de afirmar su dominio.

Son despiadados y viciosos. Harán casi cualquier cosa para lograr sus objetivos. Ellos jadearán, victimizarán, traumatizarán e incluso pauperizarán para tener su camino. ¡Muéstrame un monstruo más formidable!

Ángeles fuera

Los narcisistas son ángeles afuera. Son agradables y sociales. Son buenos actores, ¿recuerdas? Los forasteros los ven como aquellos que ni siquiera pueden herir a una mosca. Son agradables y divertidos de estar. Este lado irreal de ellos es parte de su estrategia divisiva. Necesitan hacer un show para que los forasteros no sospechen nada.

Resumen del capítulo

La imagen lo es todo para los narcisistas. Necesitan este talento para sobrevivir y dominar. Por favor, nunca subestimes las habilidades de actuación de los narcisistas. Si tu madre es narcisista, o conoces a un narcisista, ya lo has visto en acción.

Los narcisistas deben tener dos imágenes: una imagen pública y una imagen privada. Las imágenes que ves son las que quieren que veas. Son como camaleones, por lo que pueden ocultar cuidadosamente sus defectos. Pueden fingir ser quienes no son perfectamente, porque toda su vida es imaginaria. Debes tener mucho cuidado cuando estás lidiando con ellos.

Capítulo 11

───── ✥❧◆❧✥ ─────

La hija de una madre narcisista

Los síntomas en una relación narcisista madre-hija no son exclusivos de la madre. Las hijas que han sido criadas por madres narcisistas también son sometidas a experimentar muchos de sus síntomas dolorosos que pueden conducir a muchos problemas en el futuro. Necesitas tomarte el tiempo para mirarte a ti mismo como parte de la ecuación para ver qué síntomas estás experimentando, y para entender cómo pueden estar influyendo en ti para experimentar más problemas o abuso en tu vida adulta.

Mirar tus síntomas puede ser doloroso porque vas a tener que enfrentar todo lo que ahora experimentas y entender que todo esto se debió a tu madre. Es posible que sientas una intensa cantidad de rabia, tristeza, dolor, dolor, culpa u otras emociones relacionadas con estos descubrimientos, así que te animo encarecidamente a asegurarte de que puedas hablar con alguien en quien confíes después de leer este capítulo. Estar preparado para recibir apoyo tan pronto como lo necesites cuando surgen emociones o recuerdos difíciles puede ser útil para recuperarte de este abuso.

Usted puede estar crónicamente avergonzado de sí mismo

Las hijas de madres narcisistas son conocidas por experimentar vergüenza crónica en sus vidas, particularmente en torno a todo lo relacionado con quiénes son y lo que hacen. Puede parecer que no hay límite a la vergüenza que experimentas, y que tiendes a experimentarlo de muchas maneras diferentes.

La vergüenza que usted experimenta ahora se debe a que siempre se le hace sentir inadecuado cuando era niño. Las madres narcisistas tienden a estar especialmente amenazadas por sus hijas, lo que significa que el nivel de abuso que usted ha experimentado en términos de ser acosado y acosado es probablemente enorme. Hay una buena posibilidad de que toda tu infancia haya pasado contigo con las muchas razones de por qué eras una mala persona y por qué no eras lo suficientemente bueno. Probablemente te dijeron que no eras merecido, no bonita, no inteligente, no digna, y muchas otras cosas falsas que se decían para que dejaras de llamar la atención.

Haciéndote sentir horrible contigo mismo, tu madre podría sentirse segura de que te quedarías callada y escondida por tu cuenta para que no tuviera que intentar hacerlo por ti. Tampoco tendría que asumir la responsabilidad de arrastrar tu nombre por el barro o difundir malos rumores sobre ti, que es un comportamiento narcisista común conocido como "manchado". De alguna manera, tu mamá puede incluso haber usado tu baja autoestima para aumentar su sentido de importancia, como al alardear de cómo tuvo que defenderte o tratar de edificarte en ciertas situaciones porque careces de autoestima. Por supuesto, ella nunca mencionaría que tu falta de autoestima vino de ella en primer lugar porque esto le quitaría su imagen perfecta.

Como adulto, ahora puede experimentar vergüenza crónica en torno a todo en su vida, incluso cuando sabe que no es necesario. Podrías aferrarte a estándares excesivamente altos, sentirte culpable por cosas que son experiencias humanas normales e intentar comportarte como un sobrehumano porque te han dicho que no eres lo suficientemente bueno. Estos comportamientos son probablemente tanto un esfuerzo para ser visto como una buena persona como un esfuerzo para evitar ser abusado más porque en su infancia se le abusaría si usted no luchó para lograr estos estándares irrazonables. Esta vergüenza es extremadamente tóxica, dolorosa y altera la vida, por lo que vamos a pasar tanto tiempo dirigiéndola y sanándola en la parte 2 de este libro.

El abuso infantil puede conducir a abuso de la adultez o patrones de relación tóxica

Cualquier forma de abuso infantil puede llevar a niños a crecer y entrar en relaciones abusivas y tóxicas, y un niño abusado por un narcisista no es diferente. Es posible que como adulto ahora te encuentres en muchas relaciones tóxicas, o relaciones que incluso son francamente abusivas. Es posible que sientas que tienes algún tipo de "señal" oculta que de alguna manera llama a personas que se aprovecharán de ti, te intimidarán o abusarán de ti a través del narcisismo en tu vida adulta. Muchas hijas de madres narcisistas sienten que no pueden alejarse del narcisismo, a pesar de que estaban seguras de que salir de sus hogares de la infancia sería suficiente.

La razón por la que usted puede estar experimentando relaciones tóxicas o abusivas ahora en la edad adulta es que nunca se le han enseñado límites o pasos importantes de cuidado personal en la vida. Ser criado por alguien que te mandó vivir toda tu vida en base a sus necesidades y deseos ha dado lugar a que no sepas cómo defenderte completamente y cuidarte en las relaciones ahora. Esto puede ser doloroso de admitir, pero, de hecho, es probable que sea la razón por la que esto está sucediendo. Si te das cuenta de que pareces estar rodeado de personas que abusan de ti o se aprovechan de ti y no pareces entender por qué sucede esto, hay una buena posibilidad de que sea un producto de tus comportamientos arreglados.

Usted puede reflejar algunos de los síntomas de su madre

Como hija de un narcisista, este puede ser uno de los síntomas más aterradores que puedes enfrentar. Una cosa es sentirse inseguro con los demás, pero sentirse inseguro dentro de ti mismo y reconocerte comportándote de maneras que no te gustan puede ser francamente aterrador. Existe la posibilidad de que ahora como adulto refleje algunos de los síntomas de su madre, y esto puede conducir a un intenso temor de que usted va a ser abusivo hacia alguien que amas al igual que ella lo hizo. Es posible que no entiendas por qué estos comportamientos existen o tienen claridad en cuanto a lo lejos que se desarrollarán también, dejándote sintiéndote impotente y como si fuera inevitable que siguieras sus pasos dañinos.

Lo creas o no, a pesar de que a muchas personas no les gusta hablar de este punto, es bastante común en aquellos que sobreviven al abuso narcisista de un padre específicamente. La razón de este síntoma es que como niño se supone que debe ser criado por un tutor que lo puede guiar para aprender a navegar por varias partes de la vida. Idealmente, un guardián saludable debería haberte enseñado cómo lidiar con emociones difíciles, conflictos, expectativas, autoestima, inseguridades y otras partes naturales de la vida. Desafortunadamente, usted fue criado por una madre que no sabía cómo y que regularmente modelaba ejemplos extremadamente pobres de cómo un individuo debe lidiar con estas cosas. Como adulto, es poco probable que reflejes este comportamiento si mostraras un verdadero narcisismo y más es probable que muestres métodos de afrontamiento deficientes en la vida. Con la sanación y los esfuerzos adecuados, usted debe ser capaz de identificar nuevas maneras para que usted pueda hacer frente a las cosas en la vida, lo que le permite ir más allá de los patrones de repetir el comportamiento de sus madres debido a no conocer una manera mejor.

Puede haber el sentimiento de un vacío profundo en tu vida

Una de las cosas más dolorosas que he experimentado como hija de un narcisista, incluso hasta el día de hoy, es ese vacío que sientes en ti mismo y en tu vida alrededor de tu madre. Como adulto, ahora puedes encontrarte anhelando una relación positiva con tu madre, posiblemente hasta el punto en que sigues intentando tener una mejor relación con ella sólo para encontrarte atrapado en el ciclo una y otra vez. Esta es una experiencia común para las hijas de madres narcisistas y quiero decirles ahora mismo que esto no es un pobre reflejo de ustedes, sino que es un doloroso reflejo de su realidad.

Incluso cuando te curas del abuso de tu madre, es probable que te encuentres en momentos en los que desees tener una madre sana y solidaria en la que confiar. Incluso podrías recordar las veces que tu madre te mostró su encantadora máscara, llevándote a sentir que tal vez puedes llamarla para que la apoyes en una sola cosa, con la esperanza de que ella ofrezca ese tipo de encanto y apoyo una vez más. Puede ser doloroso cuando te das cuenta de que tu madre no está disponible para ofrecerte el apoyo y el amor que necesitas, y aún más doloroso cuando te das cuenta de que ella no tiene idea de por qué te sientes tan desconectada y sola en el mundo debido a su tratamiento. Esta es una parte natural del proceso de recuperación y curación, y con el tiempo se vuelve mucho más fácil de navegar. Mientras que el dolor en sí está siempre allí, usted encontrará que usted se vuelve mucho más fuerte en la curación de ese dolor y hacer frente a él cuando se levanta la cabeza. De esta manera, no te pones en un juego de yo-yo tratando de conseguir que tu madre sea la mujer que necesitas que sea cuando realmente no puede ser.

Capítulo 12

──── ❧❧❧ ────

Superando a los narcisistas en su propio juego

Ahora, vamos a ver las diversas técnicas que puedes usar para frustrar al narcisista a cada paso. Te prometí que te daría estas herramientas. Si quieres aprender a conducir las nueces narcisistas y vencerlos en su propio juego, entonces vamos a proceder.

Sé impredecible

El narcisista espera que te comportes de ciertas maneras cada vez que te hacen algo manipulador o hiriente. Más a menudo que no, cuando el narcisista te provoca, has establecido formas de responder. Ambos han hecho esta canción y bailan lo suficiente como para que ni siquiera se den cuenta de que tienen la opción de reaccionar de manera diferente.

Lo único para lo que el narcisista nunca está preparado cuando intentan herirte o provocarte es la indiferencia. Tampoco esperan que seas feliz o alegre. No esperan que seas obstinado por lo que quieres, o que actúes desde un lugar de seguridad cuando te atormentan.

Lo que quieres hacer cuando el narcisista te atormenta es exactamente lo contrario de lo que te gustaría hacer en ese momento. Por ejemplo, en lugar de llorar, o arremeta airadamente, puedes elegir sonreír o reír en su lugar. Te ayuda a sentirte mucho mejor, y se librará de todos los sentimientos de ansiedad y estrés. Hagamos esto lo más práctico posible.

Por el momento, el narcisista te está triangulando. Una cosa que puedes hacer es simplemente mantener tu expresión facial neutra, mientras cambias a un tema diferente. Otra cosa que podría hacer es simplemente elegir no participar en la conversación para empezar. Si el narcisista te está triangulando con un extraño en tu presencia (uno con el que el narcisista no tiene lazos sexuales o románticos, para ser precisos) entonces podrías ser más amable y cálido con el extraño con el que el narcisista está tratando de triangularte. O simplemente podrías salir de la habitación. Elegir tomar el camino alto por salir definitivamente no pasará desapercibido para el extraño. Una manera de saber con certeza que el narcisista te está triangulando es centrar tu atención en otra persona además de la persona con la que el narcisista participa activamente en tu presencia. Si el narco está triangulando, su atención pasará de su conversación a la tuya.

Si el narco te está acorralando, entonces es seguro que esperan que intentes atravesar sus defensas para llegar a ellos. En lugar de luchar ansiosamente para volver en sus buenas gracias, elija ese momento para hacer algo por sí mismo. Haz algo que te guste. Ir a la tienda, o recoger un libro, ir al gimnasio o dar un paseo, llamar a un amigo encantador, o ver a los vecinos agradables. Mantenga su teléfono apagado mientras usted hace lo que es lo contrario de lo que esperan de usted. Si solías suplicar clemencia en el pasado, sólo detente. Es una gran oportunidad para que consigas un poco de práctica sin contacto. Así que, hazlo en su lugar.

¿El narco está intentando la maniobra de aspirador con la esperanza de que vuelvas a chuparte? Sin duda, espera que caigas en las disculpas vacías y en las lágrimas de cocodrilo. Cree que lo de No Contacto es para mostrar, y nada más. Volverás con él en un sin tiempo. Bueno, esta vez, elige un curso de acción diferente. Bloquearlo en todas tus redes sociales. Ignóralo. Actúa como si no existiera. Cuanto más intenta el narcisista de aspirador ti, más obvio se hace que ella ha perdido su control sobre ti.

Conviértete en un espejo

Deja que Narciso se vea en ti. ¿A qué me refiero exactamente? Quieres reflejar al narcisista. Cuando se trata de citas, consejos bastante sólidos es reflejar su interés amoroso. De esta manera, no terminarás invirtiéndote demasiado en alguien a quien no le importa tanto el crecimiento de una relación contigo. Puedes emplear esta misma táctica con el narcisista.

Cuando se trata de reflejar al narcisista, no quieres reflejar su falso y encantador yo para él. Lo que deberías reflejar es su lado frío y cruel. Cuando reflejas el narco, lo que sucede es que reduces el nivel de inversión que tienes en la relación, y al mismo tiempo, evitas la probabilidad de un nuevo trauma. Esto le dará la habitación que necesita para reunir sus fuerzas y salir cuando esté listo. Así que, cuando el narcisista se enfríe, dale el mismo tratamiento. Cuando se retire, haz lo mismo.

Uso del tratamiento silencioso

Si estás en una relación con un narcisista y te estás preparando psicológicamente para irte, si el narcisista acaba de abusar de ti o te está dando el tratamiento silencioso, sería mejor que te aprovecharas de eso. Anime a continuar el tratamiento silencioso. Refleja al narcisista. El tiempo que pasas sin hablar entre sí se puede invertir en cuidarte a ti mismo, y nutrir tu conexión con los demás. Este es un gran paso para tomar en su camino a todo Sin contacto, por cierto.

Ponte a ti mismo primero

Esta es la venganza definitiva. El narcisista está acostumbrado a ser el gran kahuna, el perro superior, el jefe, número uno. Bueno, para variar, ponte primero. Lo que esto significará es que tienes que estar dispuesto a decir *NO* al narco, y tienes que sí mismo volver a sentirte digno de la buena vida que la vida tiene para ofrecer. Haz esto para que puedas curarte. Haz esto por ti mismo. Haz esto para devolver le pago a la narco por todas las veces que te ponen en segundo lugar, si alguna vez estabas en su lista de prioridades para empezar. De ahora en adelante, cuando se trata de ti y del narco, tú eres el primero.

Paso hacia el futuro

Es bueno ser consciente y presente. Sin embargo, debe considerar el futuro. Como víctima de abuso narcisista, la tendencia es seguir volteando del presente al pasado y de vuelta, repitiendo constantemente el trauma pasado, y centrándose en lo sombrío que es el momento presente. En lugar de hacer eso, concéntrate en tu futuro. Pregúntate, si las cosas están tan mal ahora, ¿cuánto peor es? Porque, apuesto tu dólar de fondo a que el abuso empeora con el tiempo, no mejor. Pregúntate cuál será el impacto en tu cuerpo y alma. Pregúntate qué sueños nunca lograrás si no sales mientras puedas.

Pregúntese si realmente desea traer niños al mundo con esta persona como co-padre. Si ya tienes hijos, pregúntate cuál es tu relación abusiva y tóxica para la psique de tus hijos. Pregúntate si estarías dispuesto a soportar el comportamiento del narco cuando sean viejos y feos. El hecho es que parte de su encanto está en su atractivo en este momento. ¿Aún los mira rías en sus años crepusculares y los encontrarías hermosos o guapos con ese comportamiento de mierda? No es superficial si respondiste que no.

Si es un narcisista que estás aguantando en el trabajo, pregúntate si vale la pena el riesgo para tu carrera. Si es un amigo, pregúntate si vale la pena seguir siendo amigo de ellos cuando todo lo que hacen es drenarte.

Reducir las redes sociales

Casi parece que las redes sociales fueron hechas para narcisistas. Les encanta usar las redes sociales para encontrar maneras de hacerte sentir terrible. Se hacen parecer algo distinto de lo que realmente son, y disfrutan del hecho de que en realidad se pueden ver en acción mientras te triangulan con los demás. Cuando te retiras del narcisista, te serviría mantenerte alejado de todas las redes sociales. No cedan a la tentación de acechar al narco. Puedes desactivar temporalmente tus cuentas en todas las redes sociales, para que no caigas en toda la manipulación. Puede que no sea fácil al principio, pero con el tiempo, descubrirás que quieres estar en el bucle y te sentirás más relajado y a gusto, lo que facilitará tu curación de los lazos de trauma que el narcisista ha creado entre ustedes dos.

Meditar

La meditación es una gran manera de que usted llegue a un acuerdo con todo lo que le ha sucedido hasta ahora, así como para reconectarse con lo que realmente eres. Lo más probable es que hayas olvidado quién es tu verdadero yo, debido a todos los abusos que has sufrido a manos del narcisista. Sin embargo, cuando meditas, comienzas a encontrar las piezas perdidas de ti mismo, para que puedas volver a estar unidas. Es una gran ayuda en el camino hacia la recuperación y el redescubrimiento de su yo auténtico. También te ayudará a desvincularte cada vez más del narcisista, reduciendo cualquier impulso para volver a tu vómito.

No más recompensas por un comportamiento terrible

El narcisista es un niño adulto, simple y llanamente. Si sigues dándoles dulces cada vez que hacen algo terrible, ¿qué esperas que hagan? ¡Por supuesto, van a seguir actuando terriblemente! En esta situación, después de que el narcisista te haya desechado, cuando vuelvan a aspirador ti y les dejes seguir su camino, les has dado algunos dulces de nuevo. Lo mejor que debes hacer debería ser ignorarlos por completo. Quédate en silencio. No les des ni siquiera el comienzo de una palabra. Cuando permaneces completamente no reactivo a lo que dicen o hacen, esto los volverá locos. Pero no lo hagas sólo para volver locos a los narcisistas. Piénsalo de esta manera: Cuando estabas en la vida del narco, ella nunca te respetó. Nunca valoró que estuvieras ahí. Entonces, ¿por qué molestarse en volver?

En lugar de permitir que el narcisista te idealice, te idealizas para un cambio. El amor te bombardea. ¿Quieres complacer a alguien? Por favor, por favor, por favor. ¿Por qué alimentar las fantasías ilógicas e inexistentes del narcisista? Canaliza esa energía en tus propios sueños realistas y alcanzables. Deja de darle tu energía, tiempo y emoción al narco. ¡No más golosinas!

¿El narco derrama lágrimas falsas otra vez para que te quedes? Vamos. Ya has visto este programa antes. Sucede después de cada incidente abusivo. Es en el peor de los casos, aburrido y, en el mejor de los casos, patético e hilarante. Puedes ver a través del acto ahora. Empaca y vete. ¿Está pasando y hablando del narco sobre algo preciado que acaba de comprar o compró? Te ves tan aburrido y desinteresado como puedas. Una mirada en blanco debería hacer el truco.

Validarse a sí mismo

Deja de buscar validación del narco. Es bueno tener validación, cierto, pero debes aprender a dártelo a ti mismo. De esta manera, no estás regalando tu poder a los demás. No es necesario complacer a la gente para recibir validación. Usted puede deliberadamente optar por felicitarse a sí mismo. Sé más sensible a todas las bendiciones maravillosas de tu vida. Conviértase en agradecido por todos sus logros, pasado y presente, grande y pequeño. Mantén el enfoque en ti y aprende a sentirte cómodo con eso.

Consíguelo en el registro

Siempre guarda los horribles mensajes que el narco inevitablemente te enviará. Puede que los necesites más tarde. Si el narco está buscando sangre, tratando de derribarte con una campaña de desprestigio, como último recurso, podrías publicar esos mensajes. Sin embargo, no tiene que llegar a eso. Usted podría simplemente captura de pantalla de los mensajes y guardarlos para recordarle por qué nunca quiere tener nada que ver con esta persona de nuevo, en la posibilidad de que usted comienza a pensar que realmente han cambiado. Documenta todo: vídeos, notas de voz, chats, correos electrónicos y textos. Cada vez que te sientas tentado a volver a esa horrible droga que es el narco, levanta esto y pasa por ellos. Recordarás por qué ya no quieres estar con ellos o a su alrededor.

Escríbelo todo

Consíguete un diario. En este diario, harás una lista de todas las terribles cualidades que tiene el narcisista en tu vida, así como las experiencias que has tenido con ellos donde te estaban jadeando, o manipulándolos de otras maneras. Mantén este diario en algún lugar donde el narco no lo vea. Mantenga notas de todo, incluidas las discrepancias entre su versión de los eventos y la suya. Asegúrate de que todo esté anticuado. Toma nota de tus sentimientos y observa los episodios de abuso. Este diario te ayudará a ver que no eres el loco cada vez que el narco comienza con el loco.

En Resumen

Como el narcisista te idealizó, debes idealizarte. La diferencia es que porque eres capaz de empatía, vendrás de un lugar de amor verdadero por ti mismo. No desperdicies ni una pizca de energía que se apodera del narco. Ideales, y descubrirá que lo que ha estado buscando para obtener del narco, podría haberse dado todo el tiempo.

Como el narcisista te devalúa, también debes devaluar lo que intenta hacerte creer sobre ti mismo. Entiende que el narco te ve como una extensión de sí mismo, y como tal, la imagen que te está alimentando a la fuerza acerca de quién eres, es realmente quien es. Así que devalúe todo eso ignorándolo, riéndose de él y viéndolo por lo que es: intentos inútiles de manipulación por parte de una persona patética e impotente.

Como el narco te descartó, también debes descartarla. Déjala ir. Ella no es digna de ti. Esa es la razón por la que sigue cortando. Sabe que no es digna, y sabe que nunca podría estar a la altura de ti. Así que ella espera engañarte para que te entusiasmes de quién eres realmente. No te engañes. Desecharla.

Ahora, ¿deberías intentar atravesar a un narco? La respuesta a eso es no. aspira tú mismo. Conócete a conocerte de nuevo, para que puedas ser recordado de todas las muchas maneras en que eres un rudo impresionante. Ya era hora de que empezaras a tratarte como a tu hermoso alma.

Capítulo 13

───── ❧❀❧ ─────

Estadísticas sobre el trastorno narcisista de la personalidad

El trastorno narcisista de la personalidad prevalece en la creciente población del mundo, especialmente en la población de los Estados Unidos. El trastorno narcisista de la personalidad puede ser diagnosticado por ciertas terapias, sesiones de rehabilitación y tratamientos, pero el problema es que muchas personas, adolescentes y especialmente los padres no pueden consultar a un profesional psicológico.

Se han reportado muchos casos con respecto al trastorno narcisista de la personalidad y muchas personas están consultando a los profesionales psicológicos para salir de este trastorno. El trastorno narcisista de la personalidad no es hereditario ni un trastorno del nacer. En cambio, la gente lo desarrolla con el tiempo debido al complejo de inferioridad o debido a la presión social. Las personas con trastorno de personalidad narcisista, especialmente los padres de los niños, ya que tienen que nutrir y criar a los niños de acuerdo con las normas culturales.

El trastorno narcisista de la personalidad fue objeto de muchos investigadores en sus estudios. Hasta ahora, han recopilado pocos datos basados en los diversos casos de trastorno narcisista de la personalidad y los tipos de rostros del narcisismo materno o paterno. Aquí están los datos estadísticos o los resultados de los resultados realizados.

Estadísticas de los Estados Unidos sobre el trastorno narcisista de la personalidad

Según los datos recopilados, aproximadamente el 0,5% de la población general de los Estados Unidos sufre de trastorno narcisista de la personalidad. Además, entre el 2 y el 16% de la población que busca ayuda de los profesionales médicos tiene un trastorno narcisista de la personalidad.

Casi el 6% de la población forense sufre de trastorno narcisista de la personalidad. Pero, la mayoría de los rasgos narcisistas presentes en la población general y en la población forense no se conocen como trastorno de personalidad narcisista real. Los rasgos narcisistas reales se encuentran en los veteranos o en la gente en el ejército. Casi el 20% de la población militar sufre el trastorno narcisista de la personalidad. Los seis tipos de cuestiones narcisistas han sido reportados a los profesionales psicológicos por la población militar.

En los Estados Unidos de América, más del 17% de la población de los estudiantes de medicina (primer año) sufre de trastorno narcisista de la personalidad. La fundadora del IRHRPPE (Instituto de Reducción De Daño Relacional y Educación en Patología Pública), Sandra L. Brown describe en su revista en línea a casi 60 millones de personas que viven en los Estados Unidos que sufren los rasgos narcisistas de la gente o familiares a su alrededor.

Además, dice que hay al menos 304 millones de personas que sufren de trastorno narcisista de la personalidad en los Estados Unidos. Sin embargo, esta población de trastorno de personalidad narcisista también incluye a las personas con problemas psicológicos y problemas de personalidad antisocial. Ella da una estimación de que al menos 12,6 millones de personas sufren de trastorno narcisista de la personalidad sin conciencia. Significa que los 12,6 millones de personas no tienen valores morales para juzgarse a sí mismos. Cumplen con lo que sienten, sin pensar en el bien y el mal.

Más de 60,8 millones de personas se ven afectadas negativamente en los Estados Unidos por el comportamiento narcisista del padre narcisista, cónyuge narcisista, amigo narcisista o cualquier otro miembro de la familia narcisista. Además, hace una declaración clara de que los 60,8 millones de personas son sólo una estimación aproximada, ya que no incluye a los niños que se ven afectados secretamente por el comportamiento narcisista de sus padres. El narcisismo materno y paterno es muy común en los Estados Unidos.

Según el DSM-5, la prevalencia del trastorno narcisista de la personalidad en la población de estados Unidos es del 6%, mientras que la prevalencia de los síntomas antisociales en la personalidad es tan alta como 3.3%.

Según estos datos, hay más de 326 millones en los Estados Unidos (la población está en constante aumento) y el 6% de la población total de los Estados Unidos está sufriendo de trastorno narcisista de la personalidad. Esto significa que aproximadamente, 19.560.000 personas están sufriendo el trastorno narcisista de la personalidad. Por lo tanto, si combinamos la población está sufriendo el trastorno narcisista de la personalidad y la población que sufre de trastorno de personalidad antisocial. Aproximadamente 697.500.000 personas carecen de empatía o no tienen conciencia. Según lo estimado por Brown, estas personas afectan a casi 80,8 millones de personas.

Además, el DSM-5 procede a informarnos que casi el 50-75% de todos los pacientes narcisistas son hombres. Los pacientes narcisistas restantes son mujeres y niños adolescentes.

Estadísticas Internacionales sobre el Trastorno Narcisista de la Personalidad

A nivel mundial, el DSM-5 afirma que casi el 6,2% de la población mundial total sufre el trastorno narcisista de la personalidad. El trastorno narcisista de la personalidad se reconoce fuera de los Estados Unidos al igual que en los Estados Unidos. Sin embargo, el CIE-10 enumera 8 caras de trastorno narcisista de la personalidad a nivel mundial.

El trastorno narcisista de la personalidad no debe considerarse a la ligera como un alto percentil desconocido de niños y adultos de todo el mundo que sufren de los malos efectos del narcisismo materno y el narcisismo paterno. Sin embargo, a pesar de tener problemas narcisistas, muchos padres y padres están buscando ayuda de los psicólogos profesionales para que puedan criar a sus hijos en un ambiente seguro, protector y saludable.

Síntomas del narcisismo materno

El narcisismo es una práctica humana común de sentirse importante, de necesitar admiración, atención de los demás, deseando éxito y amor. En cierta medida, esto es bastante normal y en la mayor parte de la situación, se está considerando como un rasgo de personalidad importante que toda persona debe poseer, pero sólo hasta que sea ocasional y suave. Es porque está perfectamente bien ser narcisista en la medida en que no podría ser clasificado como un trastorno.

Sin embargo, por otro lado, si hay una persona que se caracteriza por el narcisismo con bastante fuerza, o los rasgos de personalidad narcisista han llegado a un extremo en alguien, entonces esto es un trastorno de la personalidad y se convertirá en muy importante prestar atención a su

Tratamiento. Es porque en tales situaciones el narcisismo tendrá la capacidad de causar deterioro funcional y angustia e incluso la situación puede durar un período más largo de tiempo con facilidad.

Si una persona posee un patrón de comportamiento anormal durante un período de tiempo más largo que se caracterizan particularmente por el sentimiento de autoimportancia, falta de empatía y exceso de necesidad de auto admiración. Su comportamiento constante de buscar exceso de atención y admiración constante puede frustrar a otras personas que están en una relación con el enfermo de este trastorno.

Bueno, para tener una mejor idea sobre el trastorno narcisista de la personalidad es importante echar un vistazo a sus conceptos básicos para tener una mejor idea de las cosas. Saber esto seguramente le ayudará a entender más hechos de una manera efectiva con facilidad.

Trastorno narcisista de la personalidad

Un trastorno narcisista de la personalidad es uno de muchos otros trastornos de la personalidad. Es un sentido mental de sufrir de un sentido exagerado de la auto admiración, la autoimportancia, el impulso profundo de atención extrema, etc. Esas personas que sufren de esto pueden tener problemas con su relación porque también tienen una falta de simpatía y compasión por los demás.

Estas personas siempre sienten que son superiores o mejores que las otras que están a su alrededor y, por lo tanto, deben ser tratadas de maneras especiales en consecuencia. Bueno, el hecho de que quede detrás de esta situación extrema es que este exceso de confianza es sólo una máscara. En realidad, estas personas tienen una autoestima endeble que es vulnerable incluso a la más mínima crítica.

El trastorno narcisista de la personalidad se puede definir mejor como una paradoja. Es porque esas personas que sufren de esto pueden actuar con confianza y superior, pero carecen de autoestima y no están realmente seguras de sí mismas. Sólo anhelan buscar la atención de los demás y quieren que todos los elogien solamente.

Debido a su actitud superior, la mayoría de los enfermos de trastorno de personalidad narcisista son incapaces de construir relaciones positivas con los demás. El trastorno de personalidad narcisista puede convertirse en una causa de gran desastre no sólo para la persona que está sufriendo de esto, sino también para las personas que viven alrededor de esa persona. Estas personas afectadas pasan más a menudo mucho tiempo pensando sólo en sí mismas. A menudo piensan en las maneras de alcanzar el poder y el éxito o en las maneras de mejorar su apariencia. Tratan de aprovecharse de las personas que están a su alrededor la mayor parte del tiempo. El comportamiento anormal en la mayoría de las personas normalmente comienza temprano en su edad adulta u ocurre a través de una variedad diferente de situaciones sociales, como en las relaciones o la vida laboral.

Más comúnmente las personas que sufren de este problema se caracterizan como egocéntricas, arrogantes, exigentes y manipuladoras. La mayoría de ellos también pueden tener algún tipo de ilusiones o fantasías espléndidas o podrían estar convencidos de que necesitan tener tratamientos especiales. En algunos casos, estas personas también tratan de asociarse con las personas que consideran únicas o tienen algunas capacidades especiales.

Significa que estas personas quieren estar vinculadas con las que han sido dotadas de alguna manera y esto es también sólo para la mejora de su propia autoestima no para alabar a la siguiente persona. Estas personas tienden a buscar una atención y admiración excesivas y tienen dificultades a la hora de soportar cualquier tipo de crítica o derrota.

Datos rápidos:
Estos son algunos datos sobre el narcisismo que debes conocer:

- Narcisismo es un término que ha provenido de un personaje particular llamado como Narciso en la mitología griega.

- El narcisismo se caracteriza por un sentido extremo de auto admiración y autoestima. Las características de ser propenso a la irritación, rápido a la ira y vulnerable a la crítica también se asocian con esta situación.

- Para su diagnóstico, los síntomas o signos del narcisismo deben ser crónicos y persistentes.

Causas del narcisismo

Bueno, la causa exacta detrás del Narcisismo aún se desconoce porque hay diferentes teorías sobre la causa detrás del Narcisismo. Algunas personas piensan que es una mezcla de las cosas que se puede variar desde cómo una persona ha sido criada o cómo él o ella manejó diferentes situaciones de estrés.

Sin embargo, la mayoría de los expertos tienden a aplicar un modelo biopsicosocial para esto, lo que significa que una combinación de factores sociales, neurobiológicos, genéticos y ambientales puede haber desempeñado su papel en la formulación de una personalidad narcisista.

También hay algunas pruebas de que este trastorno de la personalidad puede ser personas irritables es probable que desarrollen trastorno del narcisismo si tienen antecedentes familiares de este trastorno. Sin embargo, en algunos casos, una interacción genética específica también puede contribuir al desarrollo del trastorno de la personalidad del narcisismo.

Mientras que por otro lado, los factores sociales y ambientales también están teniendo una influencia prominente en el desarrollo del trastorno del narcisismo. En algunos casos, el narcisismo podría desarrollar un apego debilitado con sus padres o cuidadores primarios. Esto puede causar una sensación de desconexión y poco importante para los demás en un niño. En algunos casos, el niño puede tender a creer que tiene algunos defectos en su personalidad que lo están haciendo devaluado o no deseado. Sin embargo, la crianza permisiva, como el exceso de control o el comportamiento insensible, también puede desempeñar un papel importante en influir en el trastorno del narcisismo.

Aunque averiguar la causa exacta de este trastorno de la personalidad es complejo de averiguar, pero, los niños que han sido criados por un narcisista son más propensos a desarrollar trastorno de narcisismo. Aunque el narcisismo paterno puede afectar a los niños, pero incluso con pocos rasgos narcisistas maternos tiene la capacidad de afectar a sus hijas de maneras engañosas.

Bueno, si eres nuevo en la realización de un narcisismo maternal entonces necesitas seguir aprendiendo sobre lo que tienes que lidiar. Una de las peores cosas que usted puede llegar a saber es el hecho de que su padre narcisista nunca cambiará hasta que encuentre una manera de traer un cambio más saludable en su vida.

Bueno, para saber qué signos y síntomas del narcisismo materno pueden ser y cómo puede afectarte, es muy importante aprender sobre esto de una manera adecuada. Bueno, aquí hemos traído síntomas importantes y más comunes del narcisismo materno que seguramente van a ser mejores para que usted sepa en este sentido.

Conclusión

---- ❧❦❧ ----

Vampiros de energía: te harán sentir que les debes al mundo, incluyendo tu propia sensación de seguridad, autoestima y confianza. Harán de cada día una carrera de obstáculos, un laberinto elaborado para navegar con extrema precaución. Haz el giro equivocado, y podrías estar cara a cara con sus demonios.

Al igual que la imagen típica de los vampiros de la cultura pop a lo largo de los años, los vampiros de energía de la vida real pueden ser seductores, admirables, agradables y carismáticos. Recabaran un llamamiento que pide ser elogiado, y simplemente no podemos evitar darles la atención que tan obviamente merecen... a simple vista.

Es debido a su excelente capacidad de presentarse de la mejor manera posible que hace que sea fácil para el resto de nosotros sentirnos cautivados y enamorarse. Nos dirigimos hacia ellos, nos ofrecemos a ellos, tratamos de ser parte de su vida porque queremos que esa perfección nos roza. Pero cuando el humo se despeja, y la máscara es arrancada, el verdadero narcisista muestra su verdadera forma.

Detrás de puertas cerradas, estos individuos pueden ser los peores para tratar. Te harán sentir que todo es tu culpa y te harán dudar de tus propias capacidades y talentos. Destruirán tu reputación y tus relaciones sin pensarlo dos veces, y se reirán de ti cuando todo termine. Te controlarán y tomarán tu identidad, te obligarán a desmarcar una línea apretada y darte de nuevo en forma cuando hagas el más mínimo paso en falso.

No son fáciles de tratar, y definitivamente no son tuyos para arreglar.

Al final del día, el narcisista en tu vida no cambiará. Acéptalo. No creas que nunca fue tu responsabilidad hacerlos una mejor persona. Nunca lo fue. En lo que tienes que pensar es en tu autoestima, en tu bienestar emocional y en tu bienestar mental.

Eres tu propia responsabilidad, y necesitas protegerte de los vampiros que te rodean.

Por lo tanto, tome esta información como su estaca de madera y conduzca a través del corazón de la relación que ha estado tratando de salvar. Antes que nadie, sálvate del abuso y date la oportunidad de una vida mejor y mejores relaciones – hay mucha más gente por ahí que con mucho gusto te daría lo que realmente mereces sin ningún atajo.

¿Es fácil vivir la vida sin el abusador que has llegado a conocer y amar? Absolutamente no. Pero recuerda, no puedes verter desde un recipiente vacío. Restaura primero y elimina a las personas que te sacian de lo que tienes que dar. Esto debería ayudarte a encontrar tu camino hacia relaciones más fructíferas y amorosas que reciprocan el afecto y la positividad que tienes que compartir.